AF337403

PROGRAMME

DE LA

CINQUIÈME SESSION

DU 6 AU 12 SEPTEMBRE.

1863.

IMPRIMERIE ROYALE
(R. DECKER).

BERLIN.

TABLE DES MATIÈRES.

COMMISSION PRÉPARATOIRE.

Son Excellence Monsieur le Comte d'Eulenbourg, Ministre d'État et Ministre de l'Intérieur.

Altgelt, Conseiller du Gouvernement et d'architecture. VI. VII.

*Althans, Assesseur des mines. III.

Amelung, Dr., Directeur de la compagnie d'assurances sur la vie, dite «Germania» (Stettin). IV. V.

*Arndt, Dr., Médecin de district. IV.

Aschersohn, Dr., Conseiller intime de santé. IV.

Bärwald, Directeur de l'établissement des Gaz de Berlin et Ancien de la ville. III.

*Baeyer, Lieutenant-général, Excellence. II.

Bensemann, Chef de bureau du chemin de fer de Berlin-Hambourg. V.

Bernuth, de, Président de la Police de Berlin. I. VII.

Bitter, Directeur au Ministère des finances. II.

*Bleichroeder, Conseiller de commerce. VII.

Boeckh, Assesseur du Gouvernement. I.

Boeger, Dr., Médecin général de l'armée. IV.

Boltze, Conseiller de commerce. III.

*Borsig, Conseiller de commerce et Député municipal. V.

Bojanowski, Dr. de, Assesseur du Gouvernement. I.

Braemer, Lieutenant en retraite et Employé du Bureau Royal de statistique. V.

Brix, Conseiller intime du Gouvernement. VI.

Brüggemann, Conseiller de la Cour. (Aix-la-Chapelle.) V.

Casper, Dr., Conseiller intime de médecine et professeur. IV.

Crelinger, Directeur de la Société générale d'assurances des chemins de fer. V.

Delbrück, Agent général de la Société d'assurance, dite «Concordia» et Député municipal (s'est retiré). V.

Dove, Dr., Conseiller intime du Gouvernement et professeur. VI.

Duncker, M., Conseiller intime du Gouvernement. VII.

*Egels, Fabricant. V.

Engel, Dr., Conseiller intime du Gouvernement et Directeur du Bureau Royal de statistique. I—VII.

*Esse, Dr., Conseiller intime du Gouvernement et Directeur de la Charité. IV.

Foerster, Assesseur du Gouvernement. III.

Fournier, Conseiller intime du Gouvernement et Directeur du chemin de fer d'Anhalt III.

Friedberg, Dr., Conseiller intime de Justice. II.

Friedberg, Fabricant et Conseiller municipal (s'est retiré). III. V.

Friedländer, Fabricant. III.

Gabler, Conseiller du Gouvernement. II.

Gauss, Inspecteur d'arpentage. II.

Gneist, Dr., Professeur, Membre de la chambre des Députés et Député municipal. I.

*Gurlt, Dr., Professeur. IV.

Hagen, Dr., Conseiller intime d'architecture. VI.

*Halske, Propriétaire d'une fabrique de télégraphes et Député municipal. VI.

Hanssen, Dr., Conseiller intime du Gouvernement et Professeur. II.

Helwing, Dr., Conseiller intime du Gouvernement et Professeur. III.

Herz, Directeur de la Société berlinoise d'assurance contre la grêle. V.

Heym, Dr. (Leipsic). V.

Hirsch, Dr., Professeur en médecine. (Charlottenbourg.) I. et IV.

Hirschfeld, de, Assesseur du Gouvernement. III.

Hopf, Conseiller des finances. (Gotha.) V.

Huber, Professeur. (Wernigerode.) V.

Hübner, Dr. O., Directeur de la Compagnie prussienne d'assurances hypothécaires. I. III. V.

*Hülsse, Dr., Conseiller intime du Gouvernement et Directeur de l'école royale polytechnique. (Dresde.) VI.

Jacobi, Conseiller intime du Gouvernement. I. V. et VII.

Jordan, Conseiller de Légation. VI. VII.

*Jürst, Conseiller de commerce et Député municipal. V.

Karmarsch, Dr., Conseiller intime de la cour et Directeur de l'école royale polytechnique. (Hanovre.) VI.

Kniebusch, Vétérinaire de département et de police. V.

Kochhan, Président des Députés municipaux (s'est retiré). I.

---

*) Les personnes désignées par un astérisque ont été nommées en partie par M. le Ministère de l'Intérieur, en partie par l'Assemblée générale, en partie par les Sections de la Commission préparatoire. Mais ils ont été empêchés de prendre part à ses séances et à ses travaux. En conséquence quelques-uns d'entr'eux n'ont recepté leur nomination que conditionnellement.

I.

BUREAU DE LA COMMISSION PRÉPARATOIRE.

Dr. Engel, ... Conseiller intime du Gouvernement et Directeur du Bureau Royal de statistique; Président.
Dr. Lette, ... Président du Collège de révision; Membre de la Chambre des Députés; Vice-Président.
*) Schulze-Delitzsch, ... Ancien Juge de cercle; Membre de la Chambre des Députés; Vice-Président.
Dr. Hanssen, ... Conseiller intime du Gouvernement et Professeur de l'Université; Assistant.
*) Dr. Virchow, ... Professeur de l'Université; Membre de la Chambre des Députés; Assistant.
Böckh, ... Assesseur du Gouvernement; Secrétaire.
Dr. Schwabe, ... Secrétaire.

    Les messieurs désignés par un *) ont annoncé leur sortie de la Commission préparatoire et de ce bureau au 10 août de cette année.

II.

BUREAUX DES SECTIONS DE RÉDACTION DU PROGRAMME.

Ire Section. Questions d'organisation.

Dr. Engel*), ... Directeur du Bureau royal de statistique; Président.
Dr. Gneist, ... Professeur; Vice-Président.
Böckh, ... Assesseur du Gouvernement; Secrétaire.
    *) Le Dr. Engel a renoncé à la place de président de la Ire Section.

IIe Section. La Statistique de la propriété foncière.

Bitter, ... Directeur au Ministère des finances; Président.
Schuhmann, ... Conseiller intime du Gouvernement; Vice-Président.
Reinick, ... Assesseur du Gouvernement; ⎫
Richter, ... Assesseur de Justice;   ⎬ Secrétaires.

IIIe Section. Prix et salaires. Mouvement des marchandises dans les chemins de fer.

Weishaupt, ... Conseiller intime d'architecture; Président.
Fournier, ... Conseiller intime du Gouvernement et Directeur du chemin de fer d'Anhalt; Vice-Président.
de Hirschfeld, ... Assesseur du Gouvernement; ⎫
Foerster, ... Assesseur du Gouvernement; ⎬ Secrétaires.

IVe Section. La santé et la mortalité dans la population civile et militaire.

Dr. Casper, ... Conseiller intime de médecine et Professeur; Président
Dr. Virchow, ... Professeur; Vice-Président.
Dr. Hirsch, ... Professeur; Secrétaire.

VIII

III.

DIRECTION EXÉCUTIVE.

Dr. Engel, ... Directeur du Bureau Royal de statistique.

PROJET DE RÈGLEMENT DU CONGRÈS.

Formation du Congrès.

Art. 1. Nul n'est admis au Congrès, s'il n'est porteur d'une carte d'admission personnelle.

Art. 2. Le bureau provisoire est formé des membres de la Commission préparatoire du Congrès.

Art. 3. L'Assemblée, dans sa première séance, nomme son bureau définitif et arrête le règlement de ses séances.

Des Sections.

Art. 4. Elle se partage ensuite, conformément aux indications ci-après, en sections chargées, chacune, d'examiner une ou plusieurs des matières du programme.

Iʳᵉ Section. Questions d'organisation.
        Organisation du Congrès.
        Organisation de la statistique officielle.
        Organisation du dénombrement et de la description de qualités physiques, intellectuelles, sociales et morales de la population.

IIᵉ Section. De la propriété foncière au point de vue de la statistique.

IIIᵉ Section. Statistique des prix et salaires. Mouvement des marchandises dans les chemins de fer.

IVᵉ Section. Statistique comparée de la santé et de la mortalité dans la population civile et militaire.

Vᵉ Section. La mission de la statistique dans le système de la prévoyance et des secours mutuels. La statistique des assurances.

VIᵉ Section. L'unité des monnaies, poids et mesures, comme auxiliaire des plus importants pour la statistique comparée.

Art. 5. Chaque membre, en retirant sa carte d'admission, désigne la section à laquelle il désire appartenir; toutefois le même membre peut prendre part aux travaux de plusieurs sections.

Art. 6. Chaque section nomme son bureau, et choisit un ou plusieurs rapporteurs chargés de faire connaître à l'assemblée générale le résultat des travaux de la dite section sur les matières confiées à son examen.

Art. 7. Les rapports doivent, autant que possible, être écrits. Il n'en est donné lecture à l'assemblée qu'après communication préalable à la section.

Art. 8. Tous les documents, notes, propositions relatifs aux travaux du Congrès doivent être distribués aux sections que ces travaux concernent (voir Art. 16.).

Art. 9. Les sections se réunissent, dans le local qui leur est affecté, aux heures fixées par elles-mêmes.

De l'Assemblée générale.

Art. 10. L'assemblée générale se réunit, aux heures fixées par le Bureau du Congrès, dans la salle de ses séances.

Art. 11. Le président a la police de l'assemblée et la direction des débats; il arrête les ordres du jour, en se concertant avec le bureau.

Art. 12. L'assemblée vote, après discussion, sur les conclusions des rapporteurs. Tout projet d'amendement à ces conclusions doit, autant que possible, être remis, écrit et signé de son auteur, au bureau, qui le soumet à l'assemblée.

Art. 13. Le vote a lieu par assis et levé.

Art. 14. Aucune proposition en dehors des matières du programme, aucune lecture de mémoire ou de note, ne peuvent être faites à l'assemblée sans une décision du bureau.

L'ordre du jour où la question préalable peut toujours être demandé contre toute proposition incidente.

Art. 15. La durée de chaque discours ne devra, autant que possible, pas dépasser quinze minutes. Cette disposition n'est pas applicable aux rapporteurs. Les orateurs parlent de leur place.

Les rapports des sections, les propositions et les procès-verbaux de l'assemblée générale seront communiqués à l'assemblée en Allemand et en Français. Les orateurs emploieront aussi l'une ou l'autre langue. Le Bureau, le secrétariat et les Sténographes fonctionnent dans ces deux langues.

Si quelqu'un voulait tenir un discours dans une troisième langue, il aurait à aviser à le faire traduire dans les deux langues réglementaires.

Art. 16. A l'ouverture de chaque séance de l'assemblée, le secrétaire fait connaître les publications, mémoires, notes et travaux divers offerts au Congrès et relatifs à des questions de statistique. Ces documents pourront être, en vertu d'une décision du bureau, reproduits soit intégralement, soit par voie d'analyse ou d'extrait, selon les cas, dans le Compte-rendu imprimé du Congrès.

PROPOSITIONS TOUCHANT L'EMPLOI DU TEMPS PENDANT LE CONGRÈS.

Vendredi le 4 septbr.	Matin 12 — 3 heures.		Délibérations spéciales des délégués officiels.
Samedi » 5 »	Matin 12 — 3 »		Idem.
Dimanche » 6 »	Matin 11 — 2 »		Salutations réciproques de tous les membres du Congrès. Bienvenue exprimée au nom du Gouvernement royal par S. E. Mr. le Ministre de l'Intérieur. Assemblée générale préparatoire. (Choix du bureau. Formation des sections. Fixation de l'ordre du jour pour le Congrès.)
Lundi » 7 »	Matin 11 heures.		Ouverture solennelle du Congrès. Eventuellement: Délibérations des sections.
Mardi » 8 »	Matin	9 —12 heures.	Séance des 1re, 2me, 3me, 4me et 5me sections.
	Soir	12½— 4 »	Assemblée générale.
		1 — 2 »	Rapports sur la situation de la statistique officielle dans les divers États.
		2 — 4 »	Discussion sur les travaux de la 1re section, concernant l'organisation future du Congrès.
Mercredi » 9 »	Matin	9 —10 »	Séance des 1re, 2me, 3me, 4me et 5me sections.
	Soir	12½— 4 »	Assemblée générale.
		1 — 2 »	Rapports sur la situation de la statistique dans les divers États.
		2 — 4 »	Discussion sur les travaux de la 1re section, concernant l'organisation de la statistique et du recensement. Commencement de la discussion sur les travaux de la 2me section.
Jeudi » 10 »	Matin	9 —10 »	Séances des 2me, 3me, 4me, 5me et 6me sections.
	Soir	12½— 4 »	Assemblée générale.
		1 — 2 »	Rapports sur la situation de la statistique officielle dans les divers États.
		2 — 4 »	Discussion sur les travaux de la 2me et de la 3me section.
Vendredi » 11 »	Matin	9 —12 »	Séances des 3me, 4me, 5me et 6me sections.
	Soir	12½— 4 »	Assemblée générale. Discussion sur les travaux de la 4me et de la 6me section.
Samedi » 12 »	Matin	9 — 1 »	Assemblée générale. Discussion sur les travaux de la 5me section. Clôture solennelle.
	Soir	2 heures.	Excursion en commun et adieux réciproques.

OBJETS DU PROGRAMME.

OBJETS DU PROGRAMME.

Iʳᵉ Section.
Questions d'Organisation.

I.
Organisation du Congrès.

Comme la Section a adopté en bloc le projet de statut pour le Congrès, tel qu'il existe dans l'Avant-Projet pages 13 à 19, il nous paraît inutile de le reproduire ici. En conséquence ce projet peut être considéré comme le rapport même de la section.

II.
Organisation de la Statistique officielle.
(voir l'Avant-Projet du Programme p. 23.)

L'établissement d'une commission centrale de statistique paraît être le meilleur moyen d'amener l'unité dans la statistique officielle, de placer les relevés statistiques à la hauteur des besoins de l'administration et de la science, et de mettre à contribution les autorités administratives, dans l'intérêt de la statistique.

Et voici pourquoi: Le relevé des informations statistiques tombe nécessairement dans le ressort spécial pour lequel il est fait. Mais il cesse d'être spécial lorsqu'il est dirigé par chaque département de l'administration dans le sens de ses propres besoins; car comme l'activité des autorités n'est pas dirigée sur de divers objets, mais seulement sur de différentes phases de ces objets, il se trouve qu'ainsi les relevés isolés de ces objets, quelque fréquents qu'ils soient, sont cependant bien souvent sans utilité. C'est un besoin pour la statistique comme pour l'administration, que les relevés ne soient point exclusifs, mais qu'ils concordent avec l'unité intérieure de l'administration de l'État. Aussi peut-on exiger à bon droit des fonctionnaires subalternes, qu'au lieu de disséminer le travail, ils abandonnent tous les relevés sur un certain objet à une autorité particulière. L'unité nécessaire à la statistique ne peut être atteinte que par l'action simultanée des fonctionnaires des départements les plus divers. Une pareille action sera l'œuvre de la commission centrale, et elle l'accomplira dans une forme qui balancera les inconvénients de la distribution du travail dans l'administration de l'État.

1·

Si les commissions centrales de statistique n'ont pas agi partout dans le sens indiqué, la cause en est aux lacunes de la pratique. Pour y obvier il faudrait:

1. Que ces commissions fussent organisées de manière à ce qu'elles pussent répondre aux exigences de l'administration comme à celles de la science. A cet effet, il paraît nécessaire, que, d'un côté, chaque branche de l'administration formant une branche importante de la statistique (un ministère, soit une division d'un ministère) y soit représentée par un membre qui puisse définir, de quelle manière les relevés devront être faits pour répondre complétement aux intérêts de sa branche d'administration.

D'un autre côté le point de vue scientifique doit être représenté dans toutes les branches de la statistique.

Les membres de l'administration seront élus en qualité de commissaires par les chefs des départements, les membres savants, par les corporations scientifiques du pays.

Il serait désirable aussi que les deux chambres du Landtag envoyassent un certain nombre de membres choisis au point de vue de la science.

2. La commission centrale de statistique ne doit point être seulement une autorité délibérative et exprimant ses votes par des propositions, mais bien une autorité exécutive et apte à prendre des résolutions. Sa compétence doit s'étendre sur tous les relevés officiels des autorités administratives, de sorte qu'aucun relevé ne puisse avoir lieu sans avoir été résolu ou ratifié, dans son contenu, dans sa forme, et dans sa tendance, par la commission centrale, et sans que chaque résolution de cette dernière ne soit mise à exécution par l'autorité dépendante.

Ce n'est que par une semblable organisation qu'on obtient une garantie nécessaire, d'un côté contre le superflu de relevés statistiques de la part des autorités subalternes, de l'autre contre la résistance que ces autorités, une fois satisfaites sur leurs intérêts, pourraient opposer à ceux de la science.

Cependant afin que les autorités ne soient point limitées dans leur activité statistique par la commission centrale, que celle-ci ne porte point atteinte aux intérêts spéciaux des administrations spéciales, il sera bon d'observer les réserves suivantes:

a) Les résolutions de la commission centrale ne peuvent s'étendre au delà du relevé des faits statistiques, et n'ont pas à s'occuper de leur élaboration et de leur publication. Nous n'examinons pas s'il existe à cet effet des bureaux spéciaux de statistique. Mais le principe sur lequel il faut insister, c'est que la commission centrale de statistique ne peut empêcher aucune autorité d'élaborer et de publier les résultats une fois obtenus et coordonnés.

b) Afin qu'aucun ressort administratif ne soit gêné par les résolutions de la commission, chaque membre de celle-ci appartenant à l'administration aura le droit d'en appeler au ministère d'État en faveur de l'intégrité des intérêts de son ressort.

Le Ministère peut modifier les résolutions de la commission, après avoir entendu les raisons des deux parties, et avoir reconnu la justesse de l'accusation.

3. La commission centrale a besoin d'une certaine indépendance qu'elle réalisera le mieux en se plaçant sous la présidence d'un homme qui appartienne par profession à la statistique scientifique. Le président aura l'obligation de livrer à la publicité les délibérations et les résolutions de la commission, et de veiller à ce que ces dernières arrivent à leur réalisation dans tous les ressorts administratifs. S'il existe dans un État une institution centrale pour recueillir, répandre et publier les matériaux statistiques, son chef sera l'homme le plus compétent pour diriger la commission, à condition que cette institution ne soit pas seulement le département spécial d'une autre administration. Si une pareille institution n'existe pas, la direction de la commission pourra échoir soit au chef d'une institution scientifique (astronomique, météorologique etc.) soit à un professeur de statistique de l'université.

Après avoir recueilli quelques expériences sur l'organisation et la position de la commission, il sera nécessaire de donner à celle-ci une base légale.

Berlin.

Le rapporteur:
Gneist.

III.

Rapport de Section sur le Chapitre
de l'Organisation du Recensement et de la Démographie.

Le recensement a déjà été deux fois l'objet des délibérations du Congrès international de statistique. Celui-ci, dès sa première réunion à Bruxelles, en 1853, a considéré comme son premier devoir de fixer les principes fondamentaux du census, de cette opération qu'on a appelée à bon droit »la plus vaste et la plus importante qu'un État puisse entreprendre« et qui de fait, est et doit être exécutée partout à des intervalles périodiques. Dans sa dernière réunion, à Londres, en 1860, le Congrès soumit à une révision les résolutions de Bruxelles, dans le sens surtout des recensements qui étaient sur le point d'avoir lieu dans plusieurs grands États. Les résolutions du Congrès concernant le recensement, telles qu'elles existent actuellement, peuvent être divisées en deux catégories principales: l'une comprenant l'œuvre matérielle du census, les données à recueillir; l'autre, le mode d'opérer, c'est-à-dire la méthode de recensement, dans le sens le plus étroit.

Dans le Congrès de cette année, c'est la méthode de dénombrement qui est essentiellement la partie matérielle du recensement, le moyen d'arriver au but, qu'on aura à soumettre exclusivement aux délibérations de l'assemblée. On trouvera l'explication du motif pour lequel cet objet est ramené sur le tapis, dans le chapitre spécial que M. le Dr. Engel, Directeur de notre Bureau de statistique, a consacré, dans son Avant-Projet, à l'organisation du recensement et de la démographie (v. p. 36 et suiv.). Du reste si le précepte établi par une autorité compétente (c'est-à-dire par la Commission centrale de statistique de Belgique, dans son programme du Congrès de Bruxelles) »que les questions de recensement trouvent leur solution sur le terrain pratique bien plus que sur celui de la théorie« si ce précepte n'est point contesté, ce serait plus que jamais le moment de le répéter, maintenant que, depuis que le Congrès de Londres a révisé les résolutions de Bruxelles, la grande opération du recensement a eu lieu dans les grands États européens, tels que l'Angleterre, la France et le territoire du Zollverein. Ne semble-t-il pas, qu'en tout cas on doive saisir l'occasion du Congrès de Berlin pour tirer profit des expériences faites dans un si vaste cercle d'opération, tandis que l'impression en est encore toute fraîche? Les résolutions destinées à servir de base aux délibérations du Congrès sont puisées dans les expériences pratiques du dernier recensement du 31 décembre 1861, aussi bien dans quelques États allemands, que particulièrement dans la ville qui a cette fois l'honneur de servir de résidence au Congrès de Statistique. En renvoyant à l'Avant-Projet que nous avons cité, dans lequel est exposé dans quelle direction et de quel point de vue une réforme de la méthode de recensement paraît devoir et pouvoir être entreprise, il suffira, pour l'explication des résolutions proposées, de quelques observations, d'autant plus que le dénombrement fait dans notre ville a été exposé dans le rapport spécial présenté au Congrès, aussi bien au point de vue de l'organisation qu'à celui des résultats obtenus. Il ne faut pas oublier non plus que le mémoire publié par l'auteur de l'Avant-Projet, contenant une critique des méthodes antérieures de dénombrement et touchant de tous points à notre sujet, doit être bien connu des membres du Congrès.

Parmi les résolutions du Congrès sur le dénombrement, il faut examiner celles qui, outre le précepte de réduire l'opération à un seul jour, se rapportent surtout à la méthode de dénombrement et posent en principe:

que c'est par le moyen de listes de ménage qu'il faut procéder au calcul — que ces listes seront présentées aux chefs de famille, puis relevées par les agents spéciaux —

que ces agents, autant qu'il s'agira de remplir ces listes, seront chargés de contrôler cette opération et de veiller à ce qu'elle soit complète.

L'Avant-Projet attire ensuite l'attention sur les grands sacrifices d'argent que cause l'institution d'agents spécialement rémunérés. Ces frais sont, en effet, si considérables que le procédé qui les exige peut à peine être considéré comme universel et international, si l'on veut avoir égard aux degrés fort différents du bien-être des divers pays. Mais, même dans les pays les plus riches, une opération aussi chère n'est guère agréable si on la compare avec un mode de recensement qui n'exige pas d'agents rémunérés; il en résulte que la dernière méthode est meilleur marché de toute la somme consacrée à ces agents. Le dernier dénombrement fait à Berlin n'a pas causé plus de $1\frac{1}{2}$ pfennings de frais par tête de population, et plus de la moitié de cette dépense a été causée par des circonstances extraordinaires: Le montant de la somme exclusivement consacrée au dénombrement se monte à environ 1000 thalers, pour une population de 524 945 habitants civils. Il est évident qu'une pareille épargne serait la bien venue, même dans les États les plus riches, soit que l'on consacre la somme épargnée à d'autres buts de bien-être public, soit aux progrès de la statistique, soit à l'extension des connaissances statistiques dans la population.

Cependant la question des frais n'est que relative. L'important dans la question du dénombrement au moyen d'agents spéciaux, est de savoir si ces agents, payés ou non, sont propres à remplir le but et à fournir les meilleurs résultats. C'est dans ce sens que le programme de Bruxelles attache à cette question la plus haute importance, et lorsqu'on ajoute qu'un dénombrement réussit difficilement, sans la coopération intelligente et bienveillante de la population, la solution de la question se trouvera sans doute dans le rapport qui existe entre les agents ou inspecteurs du dénombrement et la population elle-même, dans la manière dont celle-ci considère l'action des agents, dans l'idée qu'elle se fait de la nécessité du dénombrement, de son utilité et des conséquences individuelles qu'elle pourrait amener.

Toute l'organisation formelle, la méthode de dénombrement, l'appareil déployé pour son exécution, semble dépendre de la manière dont on en comprend le principe, de l'attitude de la population vis-à-vis de l'acte du recensement. Faut-il considérer celui-ci — que ce soit d'après son but ou d'après le sentiment populaire — comme une opération nécessaire mais appréhendée, exercée sur le peuple par une main étrangère, ou bien comme un grand acte d'intérêt général et national exercé par la population elle-même, dans le sentiment intelligent du devoir patriotique? Cette antithèse en dit plus qu'une formule théorique: C'est ainsi que les deux systèmes en présence se sont trouvés opposés l'un à l'autre dans les délibérations du Congrès.

L'importance souveraine de la coopération populaire a d'abord été entièrement reconnue au Congrès de Bruxelles. Parmi les principaux motifs pour lesquels on a recommandé des bulletins de ménage, il y a celui-ci: c'est d'abord à cause de la spontanéité qu'il convient de laisser aux citoyens etc. Par contre on a rejeté toute clause pénale contre le refus ou la fausseté des indications, et cela afin de ne pas rendre les agents encore plus impopulaires et de ne point semer la méfiance dans la population.

A Londres, la proposition rejetée à Bruxelles, a été présentée de nouveau, par le même auteur. Dans la discussion l'antagonisme entre les deux systèmes se montra plus prononcé que jamais. D'un côté (c'est-à-dire du côté de l'auteur de la proposition, M. Legoyt, délégué de la statistique officielle de France) on rappela les refus assez fréquents faits, même dans la classe éclairée, de répondre aux questions de recensement. De ce côté surtout on attendait fort peu de la spontanéité, et l'on recommandait au contraire de prendre à l'improviste les personnes dont on exigeait des renseignements, afin de ne pas leur laisser le temps de réfléchir aux conséquences de leurs réponses et de s'y préparer. Les représentants de la statistique officielle anglaise, les plus compétents dans la question, Mrs. Farr et Hammack constataient au contraire, qu'en Angleterre une disposition pénale ne s'appliquerait pas à un seul et unique cas, que le peuple anglais, qui évidemment, se verrait avec peine l'objet d'une curiosité indiscrète, répondrait volontiers et exactement à toute question utile et faite dans l'intention du bien-être général. Si néanmoins la disposition pénale a été adoptée en principe par le Congrès de Londres, il faut reconnaître que celui-ci s'est écarté de nouveau du principe de la spontanéité.

Cependant, sans avoir égard à la résolution de Londres on a mis en pratique, à Berlin et dans d'autres endroits de l'Allemagne, dans le dernier recensement, le principe de la libre coopération populaire dans sa plus vaste extension. En tant que les agents spéciaux, payés ou non, exécutaient le dénombrement exclusivement comme une mesure de police ordinaire ou extraordinaire, et établissaient ainsi un mur de séparation entre le but du dénombrement et la population, cette séparation a été enlevée, et l'acte du dénombrement est devenu pour le peuple une affaire de propre administration. Le dénombrement spontané n'est pas resté limité au remplissage individuel des listes de ménage, mais il a pris toute l'extension exigée par l'organisation formelle de l'opération. Si décidément il est reconnu que celle-ci ne peut être complète sans la coopération de la population, alors qu'on soit conséquent et qu'on y ait recours de la manière la plus étendue.

Quant à la question, si les commissions de dénombrement librement organisées par les citoyens se sont bien trouvées du principe de la spontanéité entière, on peut, en invoquant l'expérience faite à

Berlin, y répondre en tout cas par l'affirmative. Le dénombrement de Berlin, de 1861, quoi qu'il ait dû être organisé comme un acte libre d'administration civile et exécuté à la hâte et au milieu de difficultés locales et administratives assez nombreuses, a surpassé tous les autres dénombrements berlinois par la perfection et la sûreté de ses résultats.

Où trouver la limite de cette coopération de la population au dénombrement? Après un premier essai, ce serait risqué que de s'appuyer sur l'expérience pour répondre à cette question. Quant à l'opinion exprimée dans l'Avant-Projet, qu'on pourrait arriver à une démographie complète et systématique au moyen de l'organisation populaire du dénombrement, on nous permettra les réflexions suivantes. Toutes les notices qui ne s'en tiennent pas uniquement au nombre des têtes, parmi celles adoptées jusqu'à présent, appartiennent aussi au domaine de la démographie. Si jusqu'à présent cette dernière est restée incomplète et irrégulière, la faute en est aux difficultés pratiques, variant dans les divers pays, que cause la nécessité d'établir une division entre les questions qui se rapportent au dénombrement.

Cette division, telle qu'elle a été adoptée au Congrès de Londres, en questions obligatoires ou universelles et questions facultatives ou nationales, a nécessairement égard à ces circonstances pratiques, de même qu'on sera forcé de la faire aussi avec l'organisation populaire. La coopération volontaire de la population, organisée d'une manière pratique, fournira sans doute la meilleure garantie possible pour qu'il soit répondu utilement aux questions du Census, autant que celles-ci répondront à l'intelligence du peuple et ne seront pas de nature à éveiller sa méfiance ou son aversion.

Si la coopération du peuple se trouve ainsi limitée, il faut d'autant plus reconnaître que cette difficulté disparaîtra peu à peu, au fur et à mesure que s'accroîtra sa confiance et son intelligence pour l'importance matérielle et morale de ce grand œuvre. Si l'on demande aujourd'hui (dans l'un des meilleurs essais de statistique dus à un particulier[*]) »pourquoi l'établissement et l'organisation de la science de l'état du peuple ne peut-elle pas devenir l'affaire du peuple lui-même?« on peut répondre par le principe de l'organisation populaire du recensement, principe qui contient en germe la solution positive de cette question si importante dans le développement de la statistique.

Le dénombrement qui partout et dans tous les cas représente un acte public et officiel, est-il une fois exécuté par la coopération du peuple, alors il s'entend que cette coopération ne peut être accidentelle et arbitraire; elle a besoin au contraire d'être organisée, pour le fond comme pour la forme. Une pareille organisation pourra prendre diverses formes, suivant les circonstances politiques, nationales ou locales.

Aussi, dans les propositions, ne pouvons-nous formuler que les principales conditions d'une organisation populaire de dénombrement:

1) Si l'on met de réquisition la coopération volontaire et consciencieuse du peuple dans l'exécution du dénombrement, il est convenable de faire connaître au peuple que cet acte est accompli au nom des plus hauts intérêts nationaux. Annoncer le dénombrement comme une petite mesure locale de police, ce ne serait pas répondre à ces intérêts.

Aussi est-il à souhaiter que partout on fasse connaître au peuple l'acte national du dénombrement sous la forme la plus solennelle, c'est-à-dire sous celle d'une loi régulière.

Afin que personne ne puisse douter des devoirs légaux que lui impose individuellement le recensement, il est convenable que les rubriques des divers relevés soient précisées dans cette loi.

Le dénombrement ne peut avoir partout qu'un but d'utilité publique qui se borne à la connaissance de la situation du peuple. Aussi longtemps que la population en général méconnaît cette tâche et redoute dans l'œuvre du recensement une élévation de l'impôt ou d'autres conséquences individuellement fâcheuses, on ne devra négliger aucune mesure capable d'écarter la méfiance et la crainte du peuple.

Il est par conséquent à souhaiter qu'il soit donné dans la loi du recensement une garantie contre tout abus des réponses exigées, et que tout emploi autre que les besoins de la statistique soit franchement désavoué.

---

[*] Hirth, Annuaire statistique des sociétés de gymnastique allemandes. Leipzig. Ernst Keil. 1863.

Déjà la discussion publique qui aura lieu sur la loi du recensement, dans les États constitutionnels surtout, éclairera considérablement l'opinion publique sur l'importance du dénombrement en général, et chaque individu sur ses devoirs à son égard. Afin de donner à l'opinion publique le temps de se prononcer sur ce point,

il est à souhaiter que la loi du dénombrement soit publiée en temps opportun.

Le principe de la coopération populaire n'emporte pas seulement l'acte individuel de prendre part ou à répondre aux questions des bulletins de ménage, mais aussi bien la coopération publique, collective volontaire, de la population au dénombrement. Pour réaliser ce principe il paraît convenable:

que le dénombrement soit reconnu comme un acte officiel exécuté par l'administration civile, et que cette reconnaissance soit manifeste dans l'organisation du dénombrement, pour le fond comme pour la forme. Le meilleur moyen de réaliser le dénombrement dans le sens le plus large sera fourni par les corporations, qui sont appelées par la loi à exécuter une partie de l'administration publique sous forme d'administration civile. Là où manqueront ces institutions, il sera à désirer qu'on forme, dans ce but spécial, des commissions de citoyens temporairement élues. La part prise au dénombrement collectif sera considérée comme une charge d'honneur, et son acceptation comme un devoir civique, sans distinction de profession ou de fortune.

Quelque scientifique et justifié qu'il paraisse être de chercher dans le dénombrement la base d'une démographie systématique et complète, cependant, en considération des différences nationales il faut renoncer à un plan international et se contenter de la division entre les notices obligatoires et les notices facultatives. On peut espérer que les dernières seront toujours plus restreintes en faveur des premières, et que le dénombrement offrira une base toujours plus large à la démographie, plus les relevés statistiques seront abondants et faciles à obtenir. On peut d'autant plus s'y attendre si, dans l'opération statistique du dénombrement, on a égard aux intérêts de la population.

Dans ce but il serait à souhaiter (pour l'exécution du census à l'intérieur de chaque État) qu'on statuât, outre les notices générales et nationales, de recueillir des notices locales. On pourrait ou abandonner le choix de celles-ci à l'appréciation des autorités de la localité, ou bien systématiser, en faisant pour ces relevés locaux une différence entre les villes et les villages, entre les grandes et les petites villes etc. Outre que ce mode d'opérer augmenterait l'intérêt de la population pour cette opération statistique, la conséquence en serait de créer une fois pour toutes un mode de recensement beaucoup plus complet, d'abord pour quelques groupes et parties de la population et du pays, et qui deviendraient la base d'une statistique locale. Un pareil procédé a été suivi lors du recensement de Berlin, lorsqu'on a recueilli les éléments d'une statistique berlinoise des logements.

Par l'organisation populaire du recensement on ne remplit pas seulement le but direct de ce dernier, de la meilleure manière, et l'on ne se borne pas à poser les bases les plus solides d'une statistique de la population, mais cette organisation peut ou doit procurer, outre son but spécial, un très-grand avantage pour le développement de la statistique. Outre le recensement, il faut encore bien d'autres travaux publics ou privés pour obtenir la représentation statistique de l'état de la population et de son développement incessant. Ces travaux ne deviendront-ils pas tous les jours plus faciles ensuite de la coopération de la population à l'œuvre du recensement? Les commissions civiles de recensement en particulier, qui constitueront les meilleures forces de la population, ne pourront-elles se concentrer et former le noyau d'une statistique privée régulière et permanente? D'abord elles pourront former ça et là de libres associations statistiques dont l'action plus ou moins générale sera du plus grand avantage pour la science. Ce serait contredire leurs principes que de songer à les organiser officiellement, il faut qu'elles doivent leur existence à la libre initiative du peuple.

Aussi serait-il d'autant plus à souhaiter que le Congrès, qui représente le grand centre de l'activité statistique, contribue par l'autorité de son vote à la création de ces commissions, dans les cercles les plus étendus de la vie civile, pour la plus grande utilité de la science et de la statistique pratique.

Berlin.

Le rapporteur:

S. Neumann, Dr. méd.

IV.

Vote Spécial sur la Question:

„Quelle limite faut-il fixer à la coopération de la population au recensement et à la démographie."

(Comparer l'Avant-Projet du Programme P. 25.)

Tandis que le rapport de la Section élucide d'une manière si compétente les immenses avantages d'une coopération efficace de la population aux recensements (lesquels sont plus ou moins en même temps des opérations démographiques) et fait ressortir la nécessité d'établir à cet effet des commissions de dénombrement dans chaque commune, une question se présente encore: c'est de savoir si l'établissement de ces commissions suffira seul pour assurer l'exécution exacte des dénombrements? On est tenté de répondre affirmativement pour les dénombrements qui ont lieu annuellement, mais lorsque c'est tous les trois ans, ou tous les cinq ans, comme par exemple en France, la question devient de plus en plus douteuse. Si les dénombrements n'ont lieu que tous les dix ou tous les quinze ans, alors les traditions techniques d'exécution sont oubliées dans l'intervalle, et chaque dénombrement devient une expérience nouvelle. Cependant empressons-nous d'ajouter que c'est aussi bien une expérience à refaire, que le dénombrement ait lieu au moyen de commissaires communaux qui en font une charge honorifique, ou qu'il soit exécuté par des agents spéciaux rétribués d'après le nombre des maisons ou des habitants qu'ils ont à compter. Le résultat des dénombrements n'est garanti, dans des circonstances analogues d'ailleurs, que par l'habitude des opérations statistiques et par l'intérêt qu'on y prend. Or on ne pourrait compter tous les 3 ou 5 ans, ou tous les 10 ou 15 ans, ni sur cette habitude, ni sur cet intérêt; ce sont les produits d'une occupation continuelle, d'un zèle non interrompu. La statistique elle-même, ou plutôt l'intérêt qu'on lui porte, le sentiment de son utilité et l'usage bien entendu de ses résultats, sont des qualités qu'il faut avoir acquises de longue date. C'est ce qui rend difficile la réponse à faire à la question proposée, car cette réponse dépend d'une part de la quantité, d'autre part de la qualité, c'est-à-dire de l'organisation de cette coopération. Pour une population exercée à la statistique, les limites de sa coopération ne seront autres que celles de l'intérêt public. C'est-à-dire que là seulement, où la statistique envahit les intérêts privés, sans justifier cette immixtion par un intérêt public très prépondérant, la population la plus éclairée même, non seulement opposera aux opérations statistiques une attitude passive, mais s'y montrera même hostile.

Mais supposons que la statistique ne se meuve que dans la limite de l'intérêt public. Dans ce cas-là le degré de coopération de la population ne dépendra que de l'organisation.

La coopération organisée de la population, c'est là la source et la vie de l'activité statistique, par les associations, dans chaque pays.

Lorsqu'on passe en revue chacun des chapitres de la statistique, on est arrêté par une foule d'objets dont il serait fort à souhaiter qu'on eût une connaissance exacte, mais qui, soit à cause du peu d'étendue de leurs moyens matériels, soit manque d'un organe qui leur convienne, ne peuvent être réalisés par la statistique officielle. Plus le selfgovernment se développe, plus la statistique des choses en apparence peu importantes devient un besoin. C'est ici que la statistique privée doit lui venir en aide, non isolée, mais unie et, à un certain point de vue, centralisée. Telle est l'étendue de l'activité sociale. Mais sur quelles personnes doit-elle s'appuyer? — La réponse à cette question est aisée.

Dans chaque État, il y a une foule de gens, particuliers ou fonctionnaires, auxquels échoit tous les jours, par la nature de leurs fonctions, une certaine activité statistique. En dehors des employés spéciaux de statistique au service de l'État ou d'autres administrations, la tâche d'une foule des corporations importantes, d'institutions ou de personnes isolées dans l'État, est essentiellement la description de la situation présente, dans un but soit officiel, soit privé. Citons entr'autres: les grandes associations agricoles, les corps de métiers, les chambres de commerce, etc. Outre ces personnes, d'autres peuvent aussi, officiellement ou non, ou d'une manière tout à fait privée, entrer en rapports journaliers avec la population et apprendre à la connaître de la manière la plus exacte. Nous citerons parmi ces dernières: les ecclésiastiques, les maîtres d'école, les médecins publics, les vétérinaires, les agents des compagnies d'assurance, les directeurs de caisses d'épargne, les associations d'épargne et de crédit, les associations d'ouvriers, les sociétés de gymnastique ou de chant etc. Chacune de ces catégories des personnes est placée, pour ainsi dire, dans une phase différente vis-à-vis de la population; entre toutes, elles en ont pu passer en revue toutes les phases, et c'est pourquoi elles peuvent être en état d'élaborer ensemble un tableau parfait de la population. En outre, il ne manque pas de personnes isolées qui, de même et sans que leur vocation les y force, s'intéressent à la vie populaire et en font le sujet d'études particulières.

Rassembler tous ces instruments divers d'une statistique approfondie, donner à leur activité certains buts communs, résoudre avec leur secours les problèmes importants de la prospérité, de la santé, de la sécurité publique etc. telle est non seulement la tâche la plus importante de l'organisation statistique, mais sa réalisation est en même temps la réponse à la question posée: Quelle limite faut-il fixer à la coopération de la population au recensement et à la démographie? dans ce sens, qu'en effet cette coopération ne se laisse imposer aucunes limites, mais qu'elle repose exclusivement sur l'intelligence et le bon vouloir, la bonne organisation et l'usage d'une association statistique étendant ses rameaux sur tout le pays. L'une des preuves les plus éclatantes de cette assertion est citée dans le rapport adressé à la commission préparatoire concernant la statistique de la gymnastique en Allemagne, faite par les sociétés de gymnastes.

En conséquence je me permets d'attirer l'attention du Congrès sur les points suivants:

1. Il faut aviser à ce que, dans chaque pays, en dehors de la statistique officielle organisée, la statistique privée se développe énergiquement, et à ce qu'on lui donne une organisation qui fournisse à toutes deux un mutuel appui.

2. Ce qui conviendrait le mieux, ce serait la fondation de grandes sociétés de statistique qui, dans l'intérieur du pays, se grouperaient en sociétés provinciales, de circonscription, ou sociétés locales, semblables aux sociétés agricoles analogues. Dans les pays où existent des commissions centrales de statistique, les présidents des sociétés provinciales pourraient être membres-nés de la commission centrale.

3. Malgré cette dernière affiliation, l'indépendance nécessaire serait garantie à chaque société, y compris les sociétés locales, quant à la direction de ses affaires, en tant que cela ne nuirait pas à des recherches statistiques communes et pour lesquelles une coopération est indispensable.

4. Il conviendrait en outre d'entretenir des sentiments de concorde entre les diverses sociétés, par des réunions périodiques, qui, afin de répondre au but, devront naturellement être de diverses natures. Nous recommanderions entr'autres que:
    — annuellement une assemblée générale de toute l'association ait lieu, tour à tour dans chacune des principales villes du pays,
    — annuellement il y ait une ou deux réunions des sociétés provinciales,
    — annuellement quelques réunions des sociétés de cercle et enfin
    — tous les mois ou du moins tous les deux mois une réunion des sociétés locales.

5. Les Gouvernements de tous les pays sont priés, non seulement à n'opposer aucunes difficultés à l'activité des sociétés de statistique, mais à les susciter et à les mettre de réquisition en toute confiance, dans tous les cas qui réclameront leur action, et tout d'abord pour les recensements et pour la démographie.

Berlin.

Le rapporteur:
Dr. Engel,
Directeur du Bureau de Statistique.

IIe Section.

Propriété foncière.

Le Programme allemand contient 10 rapports sur ce sujet, à savoir:

1. Introduction.
2. De l'étendue et de la nature de la propriété foncière.
3. La distribution et le mouvement de la propriété foncière.
4. Les propriétés foncières d'après leur qualités politiques et sociales.
5. De l'établissement des registres hypothécaires et de leur organisation.
6. Le rachat des terres (Grundentlastung.)
7. La séparation des biens communaux.
8. Propriétés bâties.
9. Des mutations, de la valeur vénale et de l'endettement de la propriété foncière.
10. Annexe.

On n'a rendu que les rapports 2, 3, 4, 5, 8 et 9 dans le programme français parceque le premier n'est d'aucune influence sur les résolutions à arrêter et n'en contient point. Il est pour ainsi dire l'avant-propos. Les rapports 6 et 7 traitent de matières et de faits presque oubliés dans les pays de langue latine. La révolution française de 1789 les a fait disparaître tout d'un coup. En Allemagne aussi, l'intérêt et le travail statistique, eu égard à ces matières, a commencé à disparaître pour céder la place à l'intérêt et au travail historique.

II.

Rapport de Section sur le chapitre

de l'étendue et de la nature de la propriété foncière.

La description de l'étendue et de la nature de la propriété foncière doit nécessairement reposer sur des données de surface, dont la statistique doit connaître le mode d'acquisition afin de pouvoir juger de la valeur et de la sûreté des renseignements recueillis. Une pareille appréciation sera possible lorsqu'on aura répondu aux questions suivantes. C'est pourquoi la section prie le Congrès de se les approprier:

1. La fixation de la surface repose-t-elle, en tout ou en partie, sur un mesurage formel ou sur quelles autres bases?
2. Dans quel but et à quelle époque le mesurage a-t-il eu lieu? combien de temps a-t-il duré?

3. Quelles sont les mesures qui ont été employées à la fixation des surfaces et dans quels rapports entrent-elles avec le système métrique?

4. L'arpentage a-t-il eu lieu au moyen d'un mesurage trigonométrique? quelle en a été la base? ou y en a-t-il eu plusieurs? quel procédé a-t-on employé pour obtenir la longueur? combien de points des triangles de I., II., III., IV. ordre entrent dans le mille carré? à quel degré d'exactitude est-on arrivé dans la fixation des longueurs des côtés des triangles?

5. Quels détails (limites ou autres objets) a-t-on pris en considération? et quels instruments ou méthodes de mesurage a-t-on employés?

6. D'après quelle échelle a-t-on tracé les cartes et quelles erreurs de limites a-t-on permises eu égard à la concordance des longueurs entre la carte et le terrain?

7. Quel procédé a-t-on employé pour calculer le contenu des surfaces, c'est-à-dire quelles méthodes ou instruments a-t-on employés? et quel degré d'exactitude a-t-on atteint?

8. Le résultat de l'arpentage a-t-il été soumis aux propriétaires de biens-fonds afin qu'ils puissent réclamer au besoin sur son plus ou moins d'exactitude, et quel procédé a-t-on employé à cet effet?

9. A combien se montent les frais d'arpentage?

10. Quelle autorité a ordonné l'arpentage et quel était l'organisation du personnel des arpenteurs?

11. Quelle autorité a administré le matériel de l'arpentage?

12. Dans quel but a-t-il eu lieu? Livre-t-on des extraits des cartes, registres etc. et à quel prix?

13. Les mesures prises ont-elles force de loi quant à la propriété ou à ses limites?

14. Les plans levés sont-ils tenus à jour dans les cas où des modifications seraient survenues? jusqu'à quel point? et par quel procédé?

Au point de vue de la nature physique de la propriété foncière, il faut avoir égard avant tout à ses cultures, y compris la productivité du sol.

Il est tout à fait important pour la statistique internationale de préciser aussi exactement que possible la notion des diverses cultures, afin de rendre possible une comparaison entre les divers pays.

A cet effet, il est nécessaire de résumer les grandes différences de cultures qui résultent de la situation géographique des divers pays, en un nombre aussi petit que possible de cultures générales et faciles à reconnaître, et d'abandonner à la statistique de chaque pays la désignation des groupes subordonnés répondant aux circonstances qui lui sont particulières.

Les principaux groupes constatés par la pratique sont les suivants:

a) Champs. b) Jardins. c) Prés. d) Pâturages. e) Forêts. f) Tourbières. g) Pièces d'eau h) Biens-fonds qui produisent d'une autre manière. En outre les groupes suivants:

i) emplacements de bâtiments, cours.

k) chemins publics, chaussées, chemins de fer, places, chantiers etc.

l) rivières, ruisseaux, ports etc.

m) terrains incultivables (rochers, glaciers, dunes, digues etc.).

Ces groupes se laissent caractériser comme suit, d'après leurs principales propriétés:

a) comme champs, les biens-fonds, qui, en dehors de l'usage qu'on en peut faire pour la production de fourrage, de houblon etc. servent essentiellement à la culture du blé;

b) comme jardins, les biens-fonds qui, enclos ou non, sont essentiellement consacrés à la culture de légumes, houblons, pois etc., plantes de commerce, graines, fruit, vin, fleurs ou pépinières (à l'exception des plantages de forêt);

c) comme prés, tous les biens-fonds, dont l'herbe est généralement fauchée et qui ne sont employés que par exception comme pâturages, ou labourés de temps en temps;

d) comme pâturages, ceux qui sont principalement consacrés à être broutés par les bestiaux, et ceux, tels que les bruyères, qui servent surtout à fournir de la litière ou du fumier;

e) comme forêts, ceux dont le principal usage consiste à fournir du bois;

f) comme tourbières, ceux qui fournissent de la tourbe;

g) comme pièces d'eau, ceux qui, tels que les lacs et les étangs, sont constamment ou par moments couverts d'eau et sont utilisés surtout dans cet état;

h) comme biens-fonds qui produisent d'une autre manière, tous ceux qui, quant à l'usage qu'on en fait, ne rentrent dans aucune des catégories précédentes, ou qui peuvent être comptés parmi les groupes cités plus haut, de h) à l), tels que les carrières de pierre, de chaux, de sable, de gravier, de marne, de terre glaise, d'argile et autres; plus: les marais et autres terrains analogues.

Les groupes de i) à m) sont assez caractérisés, pour n'avoir pas besoin d'explication.

On pourrait donner au formulaire d'un tableau sur l'étendue et le rapport de chaque culture, l'ordre suivant:

Colonne indépendante*).

Lieu (plaine), cercle, district, province.

Colonnes dépendantes.

Étendue et rapport de la culture.

Champs: 1. Étendue (en mesures usitées dans le pays). 2. Rendement (en mesures usitées).
Jardins: 3. Étendue. 4. Rendement.
Prés: 5. Étendue. 6. Rendement.
Pâturages: 7. Étendue. 8. Rendement.
Forêts: 9. Étendue. 10. Rendement.
Tourbières: 11. Étendue. 12. Rendement.
Pièces d'eau: 13. Étendue. 14. Rendement.
Terrains qui fournissent d'autres produits que des produits agricoles. 15. Étendue. 16. Rendement.
Somme des colonnes 1—16: 17. Étendue. 18. Rendement.
Cours, bâtiments: 19. Étendue de la surface.
Voies publiques, chaussées, chemins de fer: 20. Étendue.
Rivières, ruisseaux: 21. Étendue.
Terrain incultivable: 22. Étendue.
Somme des colonnes 2—22: 23. Étendue.
Étendue générale: 24. (Somme 17 et 23.)

Berlin.

Le rapporteur:

Gauss,

Inspecteur Royal d'arpentage.

---

*) Afin de ne pas perdre du temps à l'impression de tableaux-formulaires, nous décrirons leur formation dans le texte même. C'est facile avec certaines conventions. Chaque tableau ressemble à une série de fonctions, dont les données de la première colonne peuvent être appelées les variables indépendantes, celles des colonnes suivantes les variables dépendantes. De fait, les données des premières colonnes dominent celles des suivantes. Par exemple, si les lieux sont d'abord désignés, et que la description du lieu, c'est-à-dire le nombre des habitants, celui des habitations etc. se trouve dans les colonnes suivantes, toutes les données qui suivent la première colonne n'auront aucun sens, si celle-ci n'est pas remplie, ce qui n'est pas le cas en sens inverse. Aussi distinguons-nous les colonnes indépendantes qui dominent les autres, que nous appellerons colonnes dépendantes. Dans le tracé linéaire du tableau on aurait à séparer les premières colonnes des secondes par un double trait, comme cela se fait ordinairement. Chaque catégorie de colonnes sera désignée par son nom, et dans chaque catégorie les colonnes seront numérotées. Et afin de représenter le système des têtes de colonnes, il n'y a qu'à reculer les désignations des choses pour faire reconnaître leur rang et les dégradations de la tête aux membres.

La Rédaction.

III.

Rapport de Section.

La Distribution et le Mouvement de la Propriété foncière.

M. le baron de Czœrnig et.M. le professeur Wolowski ont tenu à Vienne en 1857 des lectures si riches d'observations et si complètes sur l'importance d'une statistique de la distribution et du mouvement de la propriété foncière dans les divers États, qu'il n'existe pas de meilleure preuve de cette importance. On s'est occupé aussi à fond à ce Congrès des points de vue à poursuivre dans cette question. On n'a cependant pas osé examiner de plus près le relevé des faits qui s'y rapportent, mais on s'en est tenu à l'expression du vœu que les Gouvernements des divers pays fassent exécuter des travaux préparatoires à l'introduction de cette statistique, qu'ils puissent communiquer au prochain Congrès. Autant qu'on peut le savoir, ce vœu ne s'est jusqu'à présent que peu réalisé. Néanmoins il ne serait pas impossible, du moins dans les pays où il existe un cadastre complet, de recueillir déjà maintenant des informations qui permettent un coup d'œil approfondi sur l'état de cette question.

Pour apprendre comment la propriété foncière se divise dans toutes les contrées d'un pays, il faut soumettre à l'examen de petits districts dont la somme représentera le territoire dans son entier. Le dernier degré de la division politique du pays s'y prêtera le plus facilement, parce qu'ainsi l'exactitude entière des renseignements est garantie, et que d'un autre côté le travail se trouve facilité. En Prusse, par exemple, on s'adressera aux communes des villes, aux communes rurales, et aux propriétés indépendantes, et dans cette partie de la Nouvelle Poméranie antérieure dans laquelle il n'y a pas de communes, on aura recours à la paroisse.

Une question difficile est celle de savoir de quelle unité il faut faire usage dans le domaine du cercle pour la fixation de la distribution de la propriété foncière? On ne peut proposer à cet effet ni une propriété ou un bien-fonds, ni tout ce que possède un seul propriétaire, parce que l'un et l'autre peuvent consister en plusieurs bien-fonds qui n'ont ensemble aucun rapport de lieu, et parce que les diverses parcelles doivent être relevées afin qu'on puisse juger du degré de dissémination des propriétés dans le district. C'est pourquoi il faut en remonter à chaque parcelle de terrain qui se trouve en possession d'une seule personne, ou en possession commune de plusieurs, et qui se trouve entourée de propriétés appartenant à d'autres personnes ou à une autre circonscription voisine.

On peut désigner un pareil fragment de terrain par le terme de parcelle.

A côté de la grandeur du district, il ne sera pas difficile de s'informer du nombre des parcelles qui y sont contenues, de leur étendue, ainsi que de leur rendement, s'il existe un cadastre des impôts basé sur l'estimation des terres.

Mais cela ne suffit pas pour obtenir une connaissance complète de la division de la propriété foncière d'un pays; car on ne voit pas encore dans quels rapports sont vis-à-vis les unes des autres les grandes, moyennes et petites propriétés, si elles sont mêlées, si l'une des trois espèces fait défaut, si les extrêmes seules se rencontrent dans une contrée. A cet effet, il faut prendre note des parcelles complexes; mais on se demande, d'après quel principe on les fixera? Les terres avec leurs diverses divisions et subdivisions tels que terres seigneuriales, métairies, fermes, cheptels etc. (Rittergüter, Bauer-, Halbbauer-, Kossäth-, Häusler- oder Käthnergrundstücke) fiefs, fidéïcommis, biens allodiaux, terres agricoles ou destinées à des emplois industriels, vignes, jardins, maisons de campagne etc. ne peuvent servir de points de repère pour la statistique comparée internationale; car ces désignations sont en partie plus ou moins locales, ou bien elles sont en train de disparaître ensuite de la législation moderne, ou bien la constatation de la propriété de ces parcelles est trop compliquée pour être relevée par la statistique. En outre l'union des parcelles avec les propriétés entières n'est pas d'une grande importance pour la question de la division de la propriété foncière. Mais ce qui est décisif sur ce point, c'est la réunion des parcelles entre les mains du même propriétaire et celle-ci peut être facilement constatée par le nombre, la grandeur totale, et le revenu total des parcelles.

Il n'est pas difficile non plus de grouper les propriétaires d'après l'étendue totale de leurs terres. En adoptant les classifications de 5 à 20 arpents, de 20 à 50, de 50 à 150, de 150 à 300, de 300 à 1 000, de 1 000 à 5 000, on aura les distinctions usitées, de grande, moyenne et petite propriété.

Tels seraient les faits les plus indispensables pour arriver à la connaissance de l'état de la division de la propriété foncière. Il faudrait ainsi renoncer à la proposition faite au Congrès de Vienne de distinguer les terrains bâtis, les petites parcelles appartenant aux maisons d'habitation et aux terres qui n'appartiennent pas à des maisons, et cela parce que ces informations viennent de la règle que les terres avec un bâtiment ou une cour ne sont pas dans un rapport entr'elles qu'on ne puisse reconnaître pour général; parce qu'ensuite le relevé en deviendrait beaucoup plus compliqué, et parce qu'enfin le but principal de cette division, qui est de se rendre compte des petites propriétés rurales des journaliers ou des ouvriers de fabrique, ne pourrait être atteint que d'une manière très-incomplète, attendu qu'il arrive assez souvent que les propriétaires de petites maisons possèdent de petits morceaux de terrain isolés, et séparés de leurs maisons.

Le système de recensement de la division de la propriété foncière, dont nous avons parlé, a un inconvénient qu'il faut signaler. Il consiste en ce que, par la division des informations d'après les communes ou autres circonscriptions, l'état général d'un propriétaire ne se manifeste pas, lorsque ses parcelles sont répandues dans divers districts, et que même une terre qui n'est composée que de parcelles, cesse de former une seule propriété dès qu'elle se trouve coupée par des limites de communes ou d'autres circonscriptions. Le nombre des terres et parcelles est ainsi un peu exagéré, tandis que la surface des terres est indiquée par un chiffre moindre qu'en réalité. Mais il faudra considérer cela comme une erreur permise, parce que sa rectification offrirait des difficultés très-grandes.

Tandis que la modification simultanée de la propriété de toutes les parcelles d'un propriétaire dans un même district, par leur transmission à un propriétaire qui ne possède en outre aucune parcelle dans le district, doit être comptée dans le mouvement des propriétaires, le mouvement de la propriété foncière elle-même consiste:

1) ou bien en ce qu'une parcelle sera jointe à une autre parcelle voisine,

2) ou qu'une parcelle sera acquise par le propriétaire d'une autre située dans le district,

3) ou qu'une ou plusieurs parcelles seront transmises à un ou plusieurs propriétaires, qui n'en possèdent en outre aucune dans le district,

4) ou qu'une parcelle sera partagée et que chacune ou que toutes ses parties seront réunies à des parcelles voisines, soit transmises à d'autres propriétaires, que ceux-ci possèdent en outre des parcelles dans le district ou non.

Par ce mouvement il se produit une augmentation ou une diminution du nombre et de la grandeur des parcelles, du nombre des propriétaires et du nombre total ainsi que de l'étendue leurs parcelles, mouvement dont il faut annuellement tenir compte.

Dans les annexes A et B nous donnons les formulaires propres à fournir les matériaux qui pourront éclairer sur l'état récent de la distribution de la propriété foncière et sur son mouvement dans les années antérieures, depuis le moindre degré de division politique du pays jusqu'à l'État complet.

Berlin.

Le rapporteur:

Schubmann.

État de la Distribution de la Propriété foncière
au 2 janvier 18..

Commune .... (   )

Cercle ...., District ...., Province ...., État ....

Annexe A.

1	2	3						4			5	6			7						8		
Grandeur de la commune (terre-) district	Nombre des parcelles.	Grandeur des parcelles						Valeur des parcelles au cadastre			Nombre des propriétaires	Nombre des parcelles appartenant à un propriétaire			Grandeur totale des parcelles d'un propriétaire						Rendement cadastral de toutes les parcelles d'un propriétaire		
		la moindre		la plus élevée		moyenne		la moindre	la plus élevée	moyenne		le moindre	le plus élevé	moyen	la moindre		la plus élevée		moyenne		la moindre	la plus élevée	moyen
arpents ☐ toises		arpents	☐ toises	arpents	☐ toises	arpents	☐ toises	₰	₰	₰					arpents	☐ toises	arpents	☐ toises	arpents	☐ toises	₰	₰	₰

9								10							
Nombre des propriétaires qui ont une propriété de la grandeur totale								Grandeur totale des propriétés							
jusqu'à 5 arpents	de 5 à 20 arpents	de 20 à 50 arpents	de 50 à 150 arpents	de 150 à 300 arpents	de 300 à 1000 arpents	de 1000 à 5000 arpents	au dessus de 5000 arpents	jusqu'à 5 arpents	de 5 à 20 arpents	de 20 à 50 arpents	de 50 à 150 arpents	de 150 à 300 arpents	de 300 à 1000 arpents	de 1000 à 5000 arpents	au-dessus de 5000 arpents
								ar-pents ☐ toises	ar-pents ☐ toises	ar-pents ☐ toises	ar-pents ☐ toises	ar-pents ☐ toises	ar-pents ☐ toises	ar-pents ☐ toises	ar-pents ☐

Annexe B.

Mouvement de la Propriété foncière
pendant l'année 18..

Commune ....

Cercle ...., District ...., Province ...., État ....

1	2	3	4		5	6	7	8	9
Nombre des parcelles qui ont été partagées.	Nombre des parties qu'elles ont formées.	Ont été réunies à des propriétés voisines.	Par le partage et la réunion le nombre des parcelles divisées s'est		Nombre des parcelles réunies à des parcelles voisines sans avoir été partagées.	Nombre des parcelles et de parties de parcelles, qui ont passé à des propriétaires possédant d'autres propriétés dans le district de.... au moment de l'acquisition.	Le nombre des propriétaires dans le district se trouve ainsi diminué, sur le registre, de	Nombre des parcelles et de leurs parties qui ont passé d'une grande propriété, à des personnes ne possédant aucune autre propriété dans le district de..... au moment de l'acquisition.	Le nombre des propriétaires dans le district de...... se trouve ainsi augmenté de
			augmenté	diminué					

IV.

Rapport de Section sur le chapitre

de

La Distribution de la Propriété foncière au point de vue politique et social.

La manière dont la propriété foncière a pris naissance en a fait un facteur politique du premier rang. Quoique, à ce point de vue, son importance ait beaucoup diminué depuis la fin du dernier siècle et le commencement de celui-ci, néanmoins l'écho s'en est prolongé jusqu'à aujourd'hui. Il s'entend que ce n'est ni le sol même, ni la situation topographique, ni la qualité des champs, ni les nombreux objets de culture, qui produisent cette influence, mais c'est qu'au titre de possession devenu un droit réel, se rattache la position politique et sociale de celui qui le porte. La différence de position des propriétaires du sol, chacun selon la nature de sa propriété, est loin d'être absolument la même dans tous les pays: elle est autre chez les peuples de race romane que chez ceux d'origine germanique, ou slave, etc. Mais les degrés concordent assez bien partout. Si, chez la plupart des peuples civilisés, les droits politiques et les priviléges jadis immenses, attachés à la propriété foncière sont tombés en déchéance, ou abolis, ou dissous, là où il en reste encore des traces, la grandeur et la valeur matérielle de la propriété exercent incontestablement encore une puissance et une influence considérable. Plus une ancienne propriété seigneuriale est grande et a de valeur, plus la position sociale et politique de son possesseur est avantageuse. Et même la propriété de la plus petite parcelle donne à son propriétaire sous plus d'un rapport un privilége social parmi ses égaux, dont ne jouit pas celui qui ne possède rien.

Ces avantages sociaux et politiques presque inséparables de la propriété foncière la font désirer par beaucoup de personnes. Après le désir de posséder de la fortune, celui de posséder une propriété foncière est le plus fort. Dans aucun pays on n'a la preuve que la tendance de parceller le sol soit plus grande que celle d'acheter et de réunir des parcelles. Si le premier a lieu fort souvent, cela tient à des raisons puissantes qui rendent ce morcellement désirable. Cela dépend beaucoup dans quelles mains se trouve la propriété foncière. Malheureusement on est fort peu éclairé sur ce point. On sait encore moins dans quelles mains la propriété foncière se consolide ou se démembre; dans presque tous les pays les renseignements et les observations sont, quant à leur profonde exactitude à cet égard, tout à fait insuffisants.

Aussi est-ce une tâche incessante de la statistique, que d'arriver à une représentation claire, à une connaissance précise de ces faits, car sans données certaines sur la distribution de la propriété foncière entre les personnes ou les corporations qui ont dans l'État une importance politique ou historique, sans la connaissance des mouvements même de cette distribution, on peut tout au plus avoir des présomptions sur le résultat d'une foule de lois agraires des plus importantes, mais on ne peut le mesurer.

Afin de résoudre cette tâche, il faudrait avant tout s'entendre sur les différences politiques et sociales que le titre de possession peut encore établir de nos jours, et quels sont ceux de ces titres dont la valeur est impérissable.

L'opposition qui existe jusqu'aujourd'hui chez les peuples germaniques entre une propriété seigneuriale et une propriété agricole est incontestablement une des plus enracinées; néanmoins elle n'est que fort peu fondée dans la loi. Il n'est défendu à personne d'acquérir un domaine seigneurial, de prendre en conséquence le titre de Rittergutsbesitzer, et d'exercer les droits plus ou moins grands attachés à ce titre.

Parmi les propriétés rurales même, on trouve des différences. Partout on distingue une propriété avec attelage, d'une propriété sans attelage, et dans certaines communes l'attelage procure à son possesseur de grands priviléges. Mais ces différences n'ont qu'une importance toute locale. La statistique ne peut les prendre en considération pour tout un pays, parce que la notion de la faculté d'atteler est des plus élastiques. Sera-t-elle déterminée par les nombres de 4, 2 ou 1 cheval, 4, 2 ou 1 bœuf, 4, 2 ou 1 vache? Et d'ailleurs le travail de ces différentes bêtes de somme n'est-il pas tellement différent, suivant leur espèce, leur race, leur nourriture, leur harnachement, les instruments de labour etc., qu'on ne dusse admettre qu'un seul cheval puisse dans certaines conditions faire l'ouvrage de deux?

Si l'on pénètre davantage encore dans le sujet, on ne tarde pas à découvrir qu'il faut renoncer à établir des différences entre les propriétés, et ne s'en tenir qu'aux personnes. Mais ici aussi il faut se garder d'aller trop loin. On ne peut plus parler de nos jours, du moins au point de vue de la propriété foncière, de nobles, de bourgeois et de paysans. Un paysan devient bourgeois lorsqu'il achète une maison à la ville; un bourgeois devient paysan, c'est-à-dire agriculteur, lorsqu'il achète à la campagne une terre et qu'il la cultive, et un noble ne possède comme propriétaire d'une terre de paysan ou d'une maison à la ville, aucun privilége sur les autres possesseurs de pareils biens-fonds.

Les différences qui existent réellement encore entre les personnes ou catégories de propriétaires, se réduisent à un bien petit nombre qui pourrait être groupé comme suit:

1. Les membres de la Maison régnante.
2. L'État.
3. L'Église, l'École et les Fondations pieuses.
4. Les Seigneuries. (Princes médiatisés.)
5. Les Communes urbaines.
6. Les Communes rurales.
7. D'autres corporations politiques telles que les Communes provinciales, les cercles, les corps de métier, les communautés etc.
8. Les Personnes juridiques. (Sociétés par actions, sociétés mutuelles, commerciales, corporations, institutions de crédit, sociétés d'assurance contre l'incendie, chemins de fer, sociétés pour l'exploitation des mines, en tant que personnes juridiques etc.)
9. Les Particuliers, dont les biens-fonds peuvent être situés:
    a) dans la circonscription d'une commune urbaine ou dans la banlieue d'une ville,
    b) dans la circonscription d'une commune rurale ou dans la banlieue d'un village,
    c) ou placés en dehors de l'administration communale; formant des communes eux-mêmes.

Si ces distinctions constituent évidemment des différences politiques et sociales entre les divers propriétaires, il faut mentionner encore une qualité des plus importantes de la propriété foncière, dont la portée politique et sociale est considérable, c'est la restriction posée au droit d'aliénation. Elle se rapporte presque sans exception aux anciens vassaux immédiats de l'empire, aux biens de famille placés sous le fidéicommis, et enfin aux terres féodales ou fiefs. C'est là encore un point sur lequel il importe de recueillir des données exactes.

La première question à poser sera celle-ci: Que s'agit-il de savoir sur la propriété foncière des personnes ci-dessus énumérées?

A cela nous répondrons, qu'on augmenterait évidemment de beaucoup la connaissance des circonstances qui se rapportent à la propriété foncière, si les données sur chaque catégorie de propriétaires pouvaient s'étendre:

1. au nombre des propriétés (en tant qu'elles ne consistent pas seulement en bâtiments et en cours, soumis ailleurs à l'observation statistique);
2. au nombre des propriétaires;
3. au nombre des parcelles constituant les propriétés (nous renvoyons au rapport précédent pour la notion de parcelles);
4. à l'étendue de la surface totale des propriétés en mesures usitées, avec l'indication de la grandeur de l'unité employée d'après le système métrique;
5. à la somme du revenu net de l'impôt sur la propriété foncière (exprimé en unités de revenu);
6. à diverses cultures de la surface totale, entr'autres:
    a) à la surface des champs, plaines ou parcelles,
    b) à la surface des prés,
    c) à la surface des pâturages,
    d) à la surface des jardins et vignes,
    e) à la surface des forêts.

Ces renseignements devraient se rapporter à une certaine époque, et il serait suffisant de les recueillir tous les 5 ou 10 ans, si l'on ne préférait, là où le recensement a lieu tous les trois ans, de profiter de cette opération à cet effet.

On trouvera à la fin de ce rapport la forme du tableau qu'il serait bon d'adopter.

Comme il arrive fort souvent que les habitants d'une localité possèdent des biens dans une ou plusieurs localités voisines, dans lesquelles ils sont en conséquence considérés comme forains, il est important d'en tenir compte et de comprendre leur nombre dans les résultats locaux.

Autant la connaissance de la distribution de la propriété foncière en certaines catégories, à une époque donnée, est importante, autant l'est celle du mouvement incessant de cette propriété, ensuite de morcellements, de démembrements, d'adjonctions ou d'agglomérations. En tant qu'il ne s'agit que de l'étendue de la propriété, on en a tenu compte dans le IIIe rapport de la IIe Section. Mais si l'on recherche aussi les titres de possession, il faudra se contenter de tirer les résultats du mouvement de la simple répétition des données telles qu'elles sont indiquées dans le tableau 1.

Dans la plupart des États les données sur les modifications des titres de possession parviennent tout à fait régulièrement à la connaissance des autorités, peut-être pas, il est vrai, aussi complètes que nous l'avons désiré eu égard à la nature politique et sociale de la propriété. Mais aussi, comme ces derniers renseignements sont d'une haute importance, ce sera la tâche du Congrès de faire ses efforts pour l'atteindre. Personne ne contestera, que le meilleur moyen de répondre aux questions sur l'effet des lois de morcellement et de consolidation, sur le partage des communautés, sur l'augmentation ou la diminution des biens de main-morte, ne soit un tableau continué pendant une série d'années et conçu d'après les bases que nous avons données plus haut.

L'immense importance que possède déjà par elle-même la statistique de l'état et du mouvement de la propriété foncière, dans les sens que nous venons d'indiquer, sera encore fort augmentée, lorsque tôt ou tard on la mettra en rapport avec la statistique du système géodésique, de la production agricole, de l'élève des bestiaux etc. Déjà, par l'introduction, dans le formulaire sur l'état de la propriété foncière, du nombre des parcelles, il s'est répandu une vive lumière sur une foule d'objets qui jusqu'alors étaient peu connus.

Si l'on connaît le nombre et la qualité politique des propriétaires, la surface de leurs possessions et de leurs cultures, de plus, le nombre des parcelles qui les composent, alors on connaît aussi la grandeur moyenne de ces parcelles selon qu'elles consistent en champs, prés, pâturages, forêts, jardins etc. et qu'elles se trouvent entre les mains de la Couronne, de l'État, de l'Église, des écoles, des particuliers etc. Lorsque ces résultats seront recueillis pour une longue suite d'années, on comprend sans autres explications qu'ils pourront fournir une réponse à la plupart des questions les plus importantes. Si l'on réussit à classer aussi la propriété rurale en catégories analogues, alors il n'y aura plus de doutes sur les points suivants:

1. Quelles sont les terres qui font le plus de progrès dans l'amélioration de leur culture?
2. Quelles sont celles dont le produit net est le plus grand?
3. Sur lesquelles élève-t-on le plus de bétail et le meilleur?
4. Quelles sont les propriétés qui soutiennent le plus l'État, l'armée etc.

On est prêt sans doute, déjà aujourd'hui, à faire à ces questions une réponse quelconque, mais sera-t-elle le résultat d'observations directes et minutieuses? Et même si elle l'était, dès qu'il s'agit de comparer entr'elles les données recueillies dans divers pays et diverses époques, ne manquent-elles pas presque toujours des qualités nécessaires à cette comparaison?

Nous proposons donc de donner à la résolution dont la Section propose l'adoption au Congrès, la forme suivante:

Il est autant que possible d'obtenir au moyen de chaque recensement un relevé du nombre, de la surface et de la qualité de ces propriétés foncières qui ne se composent pas uniquement de maisons. Ces propriétés seront à distinguer d'abord par les catégories citées dans le formulaire qui accompagne ce rapport, et en outre on notera pour chacune d'elles la surface, le nombre des parcelles et le genre de culture.

Berlin.

Le rapporteur:

Dr. Engel.

3·

Distribution de la Propriété foncière

d'après la surface, le nombre des parcelles, le genre de culture, et le rendement de l'impôt foncier

pour les diverses catégories de propriétaires à . . . .

relevé le . . . . 18 . .

Catégories de propriétaires.	Nombre des Propriétés ne consistant qu'en bâtiments et cours	Nombre des Propriétaires à l'exception de ceux qui ne possèdent que des bâtiments et de cours (en général)	(forains)	Nombre des Parcelles excepté celles qui ne consistent qu'en bâtiments et cours	Grandeur de la Surface des Propriétés. (Arpents)	Champs Ar-pents	Champs Par-celles	Prés Ar-pents	Prés Par-celles	Pâturages Ar-pents	Pâturages Par-celles	Jardins et Vignes Ar-pents	Jardins et Vignes Par-celles	Forêts Ar-pents	Forêts Par-celles	Somme des revenus nets de l'impôt foncier de la surface totale (en tant qu'elle paie l'impôt)
Propriété foncière	1	2	3	4	5	6	7	8	9	10	11	12	13	14	15	16
des Membres de la Maison régnante																
de l'État																
de l'Église, de l'École et des Fondations pieuses																
des Seigneuries (Princes médiatisés)																
des Communes urbaines																
des Communes rurales																
d'autres corporations politiques telles que les communes provinciales, cercles, corps de métier, communautés																
des personnes juridiques (soc. par actions, soc. mutuelles, commerciales, corporations, institutions de crédit, soc. d'assurances contre l'incendie, chemins de fer, soc. sur l'exploitation des mines, en tant que personnes juridiques etc.																
des particuliers dont les biens-fonds sont situés (¹)																
a) dans la circonscription d'une commune urbaine ou dans la banlieue d'une ville,																
b) dans la circonscription d'une commune rurale ou dans la banlieue d'un village,																
c) biens-fonds en dehors de l'administration communale.																
Parmi les propriétés qui précèdent, sont frappées de restriction au droit d'aliénation:																
1) celles des anciens vassaux immédiats de l'Empire,																
2) les biens de famille placés sous le fidéicommis (majorats, minorats, seniorats),																
3) terres féodales et fiefs.																

(1) Il s'entend que de ces trois lignes une seule sera remplie dans les tableaux locaux. Mais dans les tableaux de cercle, de district, de province et de pays, en tant qu'il s'y trouvera des propriétés urbaines, rurales ou placées en dehors de l'administration communale (d'une ville ou d'un village) toutes trois seront remplies.

V.

Rapport de Section sur le chapitre

De l'établissement des registres hypothécaires et de leur organisation *).

(De la garantie qu'ils procurent aux dettes foncières ainsi qu'à la propriété en elle-même).

Il a été dit dans l'Avant-projet adressé à la Commission préparatoire de la 5. session du Congrès de statistique, que, dans le but de créer plus tard un formulaire général de toutes les conditions de la propriété foncière, il est indispensable d'en établir avant tout, dans un tableau spécial, les rapports principaux touchant l'économie politique, l'administration publique et le droit privé.

Aussi les différentes résolutions prises dans les sessions précédentes du Congrès, dans les séances de Bruxelles en 1853, de Vienne en 1857 et de Londres en 1860, ont-elles en vue l'établissement d'un tableau de ce genre, concernant les immeubles.

C'est dans le but de répondre au principe de ces résolutions, que nous avons essayé d'effectuer dans le présent programme la réunion systématique et complète des faits et des institutions qui ont rapport à la propriété foncière, et qui indiquent sa valeur économique, sociale, politique et individuelle; institutions différentes à la vérité, mais néanmoins liées par un effet réciproque en même temps que par les rapports les plus intimes: réunies en système, il est aisé d'en étudier la portée sous un point de vue général, et d'en obtenir un tableau d'autant plus détaillé et complet.

Parmi ces institutions, l'établissement des registres hypothécaires occupe le premier rang.

Le but de ces registres est, ou bien:

a) de faire connaître exactement, dans l'intérêt de l'État et de l'ordre public, quels sont les propriétaires des biens-fonds et des autres biens traités comme immeubles dans les différentes législations (tels que les droits de profession de métiers, rentes foncières etc.), ou

b) d'en assurer la propriété elle-même, ou enfin

c) de garantir les dettes hypothécaires et en conséquence les droits des tiers.

Cependant un seul et même registre peut avoir en même temps ce triple but, ou du moins celui d'assurer la propriété foncière, et de garantir les dettes sur hypothèques.

Les passages concernant ce sujet, qui sont tirés des résolutions prises dans les séances antérieures du Congrès, sont les suivants:

1. Bruxelles (1853) III. No. 4 de l'Avant-projet à la commission préparatoire (texte français p. 29), »que le cadastre constate le fait de la possession, et puisse plus tard, en vue des règles de la prescription constater le droit. Pour cela, aucune mutation ne sera opérée dans le cadastre si elle n'est pas constatée par pièces authentiques.«

2. Londres (1860) No. 3 (texte français page 30): »Ayant en vue l'importance de connaître le moyen le plus sûr, le moins dispendieux, et le plus expéditif d'aliéner la propriété foncière, on devrait faire des efforts pour établir une statistique autant que possible internationale des changements de propriétés dans les différents pays, et des lois qui s'y rapportent; c'est-à-dire des mutations, des divisions et subdivisions du sol; des formes diverses d'aliénation; des dépenses actuelles et relatives à la valeur capitale de la propriété aliénée; de l'effet légal sur le titre résultant de l'aliénation; du nombre et du caractère des intérêts secondaires dépendant du sol; de l'existence et de la condition de plans topographiques nationaux et de registres des propriétés«.

En comparant le principe de ces résolutions et en partie leur contenu avec le principe de l'établisse-

---

*) La traduction française ayant été faite sur le premier manuscrit de l'auteur du rapport, ne correspond pas tout à fait avec le rapport allemand imprimé sur un manuscrit modifié et remanié plus tard à divers endroits. Pourtant les déviations ne sont que peu essentielles.

ment du registre des hypothèques, il est vrai qu'on s'aperçoit d'une certaine identité; il existe cependant, selon les lois de chaque pays, une différence assez grande dans les moyens d'exécution et dans la manière de réunir les matériaux statistiques nécessaires à cet effet.

Or, quand il s'agit des relations économiques politiques et sociales, la statistique comparée, dans bien des cas (lorsqu'elle traite par exemple du dénombrement, ou de la santé et de la mortalité de la population, du mouvement des marchandises, du nombre des bestiaux, des produits bruts et travaillés etc. etc.) parvient à obtenir des résultats tout ce qu'il y a de plus corrects, pourvu que les données statistiques de chaque pays soient suffisantes; elle opère donc ici, abstraction faite bien entendu de l'étude souvent très-compliquée des causes des déviations internationales, avec la plus grande facilité.

Il y a cependant des matières, en fait de statistique comparée, qui exigent avant tout qu'on s'entende sur l'économie, les lois, les usages juridiques et l'état social des divers peuples, et qu'on observe aussi la nomenclature soit légale soit coutumière, parfois très-différente malgré l'identité de l'objet. C'est là le seul moyen d'arriver à un résultat et de ne pas perdre de vue la tâche qu'on s'est imposée, par la confusion des notions et du langage.

Tel est aussi l'établissement des registres hypothécaires, surtout parce qu'il se trouve lié intimement à tout ce qui regarde la propriété foncière, et en général à tous les objets de statistique qui, selon l'Avant-Projet adressé à la commission préparatoire, sont du ressort de la seconde section. Ainsi donc les travaux statistiques concernant les immeubles et les objets qui s'y rapportent ne sont que subsidiaires et ne serviront en conséquence qu'à expliquer cette institution et à compléter les données qui s'y rapportent.

Prévenir toutes les erreurs, garantir la statistique des dangers possibles et lui donner une nouvelle impulsion, tel est le devoir principal du Congrès.

Qu'il nous soit permis de jeter un coup d'œil sur l'établissement des registres hypothécaires et des institutions analogues dans d'autres pays allemands et à l'étranger, au risque d'être accusé d'une connaissance imparfaite ou du manque d'intelligence des lois et des institutions étrangères, ainsi que des résolutions précitées du Congrès, dictées évidemment par une foule d'institutions très-différentes. Malgré cela il nous a paru nécessaire, de donner le plus possible, par rapport aux immeubles, une notion claire et nette des principes et institutions qui feront le sujet des débats dans les prochaines séances. Avant tout il s'agit d'en exclure tous les registres qui n'ont pour l'État et les communes qu'un but purement financier et administratif, ainsi que les registres de commerce et ceux qui ont rapport aux relations établies entre les colons et leurs seigneurs. Les registres des échevins en Allemagne et tous ceux qui constatent les changements de possession, les charges et l'endettement des biens fonciers ruraux, demanderont au contraire à être discutés, en tant qu'ils existent encore aujourd'hui dans le but mentionné plus haut. En Angleterre il y en a eu pour les possessions des paysans (Copyhold, Customary Tenure, book- et folk-land), avant la loi donnée sur le rachat des terres sous le règne de la reine Victoria; ils existent encore par ci par là, et probablement ne disparaîtront tout à fait qu'à la fin des opérations du rachat. (Voyez là-dessus le traité de Mr. le Dr. Rudolph Gneist sur la constitution et l'administration actuelle de l'Angleterre, Tome I. p. 481 et celui de Thomas Solly sur la propriété foncière, la succession héréditaire etc. selon les principes du droit anglais. No. III. p. 11.)

Il en est de même dans le duché de Nassau des registres appelés Stockbuecher, qui seront établis après la consolidation des biens-fonds, selon une loi du 5 juillet 1852, conformément aux cadastres des fonds, qu'on introduira également: des chiffres exacts sur l'étendue des propriétés, et des renseignements et recherches authentiques sur la nature du sol et la culture du terrain en formeront le contenu. Il faut aussi faire mention des registres qu'on trouve encore à présent, dans un but analogue, dans quelques pays de l'Autriche, à moins qu'on n'ait déjà établi dans toutes les parties de cet empire de véritables registres des hypothèques d'après les lois données sur la décharge et le rachat des terres en 1848, et les nouvelles institutions cadastrales, fondées sur ces mêmes lois. Les uns se rapportent aux biens ruraux indivisibles (bestiftete bäuerliche Besitzungen), d'autres concernant les biens-fonds qui peuvent être notés plusieurs à la fois sur une seule et même feuille du registre.

Quant à l'institution des cadastres, il est clair que si elle avait quelque part au but des registres hypothécaires, c'est-à-dire celui de constater les charges, les mutations et la dette des immeubles, ainsi que le titre résultant de l'aliénation, la nécessité d'en faire l'objet d'une discussion soigneuse serait incontestable, malgré la différence du terme. Or il est notoire que pour subvenir aux intérêts de l'État par rapport à l'établissement des impôts, il suffit de faire aux employés chargés de surveiller l'aliénation des biens-fonds une simple déclaration verbale du changement qui s'est opéré; l'enregistrement aura lieu, pourvu que ladite notification soit accompagnée des matériaux nécessaires à rectifier le cadastre et les plans topographiques, et que les parties contractantes produisent le document qui prouve le titre du nouveau propriétaire ou qu'ils déclarent n'en pas avoir. Rien n'empêche toutefois de faire inscrire en outre le titre de possession dans le registre des hypothèques; au contraire, l'omission de cet acte préjudicie au nouveau propriétaire. En effet dans une province du royaume de Prusse, en Westphalie, les registres hypothécaires prussiens établis en 1783 existent à côté du cadastre des fonds. Il est vrai cependant que dans le duché de Nassau, le cadastre aura à l'avenir le but de constater aussi l'identité, la grandeur etc. et le nom du propriétaire de l'immeuble, et qu'il sera tenu par les officiers du bureau des tailles (voyez les règlements du duché de Nassau de 1830).

Du reste un changement de système, relativement à l'organisation des registres hypothécaires, ne saurait altérer le principe qui en fait le fondement: d'après le code civil par exemple, ces registres prennent pour point de départ dans leurs opérations la propriété et non pas la possession; malgré cela l'hypothèque, tout comme en Prusse, n'a de rang, que du jour de l'inscription prise par le créancier sur les registres du conservateur dans l'arrondissement duquel est situé l'immeuble soumis à l'hypothèque, et celle-ci suit l'immeuble dans quelques mains qu'il passe, pourvu qu'elle soit renouvelée à temps (dans l'espace de 10 à 10 ans) (articles 2134. 2146. 2106—2114.). S'il y a des hypothèques qui existent indépendamment de toute inscription, au profit des mineurs et des femmes, ce privilége ne préjudicie en aucune façon au principe des registres hypothécaires.

La résolution du Congrès de statistique prise à Londres en 1860 et que nous avons mentionnée plus haut, confond à ce qu'il paraît deux opérations tout à fait différentes:

1. L'observation nécessaire de l'état du bien-fonds, ce qui a été spécialisé en partie de la manière suivante:

 a) la connaissance du moyen le plus sûr, le moins dispendieux, et le plus expéditif d'aliéner la propriété foncière; l'établissement d'une statistique autant que possible internationale du changement de propriétés dans les différents pays et des lois qui s'y rapportent,

 b) les divisions et subdivisions du sol — qui s'entend non seulement du partage des terres c'est-à-dire de leur étendue, mais aussi de leur division politique et sociale, et de celle du droit privé, en terres seigneuriales, biens-fonds des communes et biens fonciers ruraux, et qui encore de nos jours ne cesse pas d'être d'une certaine influence sur l'établissement des registres hypothécaires,

 c) les formes diverses d'aliénations selon la différence des terres,

 d) les dépenses actuelles et relatives à la valeur capitale de la propriété aliénée,

 e) l'effet légal sur le titre résultant de l'aliénation,

 f) l'existence et la condition des plans topographiques nationaux et des registres des propriétés.

2. Les chiffres exacts concernant le mouvement de la propriété foncière, c'est-à-dire le nombre des mutations par an ou autre période.

L'Avant-projet a fait la proposition de traiter cette seconde matière dans le septième chapitre. De plus les divisions et subdivisions du sol pourraient être discutées dans le troisième (voyez p. 31) de même que le nombre et la nature des intérêts secondaires dépendant du sol, si toutefois on y comprend aussi le *copyhold* anglais réduit à son minimum. En général les petites possessions surtout, là où existe le système du morcellement parcellaire des terres, ne sont pas d'un aussi grand intérêt lorsqu'il s'agit d'une organisation complète du registre des hypothèques que par exemple celles des jardiniers, des villageois etc.

Quant aux matières que nous venons de nommer en premier lieu, elles sont propres à être traitées en même temps que les registres des hypothèques. Sans doute le Congrès doit s'abstenir de toute opinion pour ou contre les principes et le mode de l'enregistrement dans les différents pays; néanmoins une discussion soigneuse desdites matières, conduira sans peine à la réponse de la question suivante: quelle est la meilleure organisation des registres hypothécaires et la plus apte à garantir réellement et la propriété même et la dette du bien foncier? Trouver la réponse à cette question, prendre comme point de départ général l'intelligence des lois qui s'y rapportent dans les différents pays, c'est là le but à atteindre, pour rendre efficace la statistique de la propriété foncière, si l'on prend cette expression dans le sens le plus restreint. Il ne sera pas non plus inutile, pour donner un petit exemple de ce que nous entendons par un fondement général des discussions, de mentionner ici comme supplément du chapitre des divisions et subdivisions du sol et de celui qui traite des formes diverses d'aliénation, que les terres seigneuriales, du moins dans les six provinces orientales de la Prusse, tout comme dans le Mecklembourg, exercent un droit de police patrimonial sur les possessions des paysans et sur les villageois, et qu'elles jouissent en Prusse de même que dans le Hannovre, de grands priviléges par rapport aux différentes institutions provinciales. Ces terres, dans quelques parties du royaume de Prusse, étaient jusqu'à nos jours exemptes de tout impôt; l'acquéreur d'une terre seigneuriale est forcé encore aujourd'hui de prêter le serment de fidélité, et s'il est étranger, il lui faut en sus la permission du souverain. Enfin les institutions hypothécaires et autres, c'est-à-dire les credits fonciers, dont le but est de faciliter le crédit et par cela même la vente des immeubles, n'ont existé jusqu'à nos jours uniquement que pour les terres seigneuriales (Rittergüter).

Nous renvoyons le lecteur, qui veut avoir dans les séances prochaines du Congrès des notions complètes sur toutes ces matières, à quelques pages du dictionnaire de Rotteck et Welcker (Staatslexikon, troisième édition, qui a paru chez M. Brockhaus à Leipzig), dans lesquelles on traite du cadastre, des hypothèques et des registres qui s'y rapportent, ainsi que de la division politique des terres et du morcellement de la propriété foncière, sous les titres de »Grundbücher, Grund- und Hypothekenbücher, Grundvertheilung, Hypothek, Dismembration«. Nous observons encore que l'une des matières à discuter proposées par la résolution de Londres, c'est-à-dire: »l'effet légal sur le titre résultant de l'aliénation«, est sans doute fondée sur des institutions propres au droit anglais et sur une manière toute spéciale d'envisager l'aliénation, l'héritage et le changement de possession. (Voyez en partie la résolution du parlement 3. 4. Guillaume IV. Chap. 74.)

La raison pour laquelle l'établissement du registre des hypothèques est d'une si haute importance, parmi les institutions qui se rapportent aux immeubles, c'est qu'aucune société de créance hypothécaire, qu'elle soit fondée sur une spéculation d'entrepreneurs, ou qu'elle soit créée dans un but d'intérêt public, n'est à même de procurer aux propriétaires des biens-fonds autant de crédit, et de leur fournir un aussi grand nombre de capitaux nécessaires, que la garantie provenant d'une bonne organisation de ce registre.

Il y a deux choses surtout qu'on doit envisager comme les fondements principaux de l'assurance donnée par l'enregistrement, ce sont les propositions générales qui règlent le procédé, puis l'effet légal de l'opération; c'est à elles qu'on peut rattacher tout le reste des règlements relatifs aux hypothèques.

I. Les principes généraux qui servent de base au procédé, sont la nécessité de spécialiser l'hypothèque qui sera inscrite dans le registre, et celle de publier toutes les inscriptions soit du titre résultant d'une aliénation, soit d'une hypothèque, après en avoir examiné de la manière la plus apte la légitimité.

Une législation qui admet le principe de désigner spécialement chaque hypothèque et qui l'admet dans toute son étendue, doit abolir nécessairement toutes les hypothèques tacites et légales, qu'elles soient collectives ou qu'elles se fondent sur l'unité de l'objet, ainsi que les priviléges qu'elles ont par rapport au bien foncier. Elle ne peut donc accorder de rang à l'hypothèque que celui qui résulte de l'inscription. En conséquence toutes les servitudes, toutes les obligations du propriétaire qui naissent du fait même de la possession de l'immeuble, demandent à être enregistrées afin d'obliger les successeurs; il est même nécessaire de fixer à une valeur connue toutes les dettes indéfinies pour pouvoir les inscrire, et de diviser l'hypothèque à laquelle sont soumis plusieurs biens séparés, en autant de parties qu'il y a d'immeubles. (Voyez en partie l'établissement des registres hypothécaires du Mecklembourg et celui du royaume de Saxe et de l'empire d'Autriche.)

La publicité de l'enregistrement exige que les séances pendant lesquelles s'opèrent les inscriptions soient publiques, ou que le registre et toutes les pièces justificatives de l'enregistrement soient soumises à l'inspection de quiconque y a intérêt; et c'est là-dessus que se fonde l'authenticité du registre et de ces opérations.

L'examen de la légitimité de l'inscription s'effectue de deux manières différentes: L'employé chargé de l'enregistrement peut soumettre toutes les pièces justificatives à une instruction très-exacte de tous les détails, en examinant d'abord le contenu verbal de ces pièces, puis la validité de la cause de l'obligation pour le cas de l'inscription d'une hypothèque, en même temps que celle du titre résultant de l'aliénation du bien-fonds, quand il s'agit d'enregistrer ce titre, et enfin les conventions particulières et toutes les stipulations qui modifient le droit de l'acquéreur et qu'il est chargé d'inscrire d'office; ou bien il ne se borne qu'à observer certaines formalités, soit la production et l'authenticité des documents qui se rapportent à l'inscription, soit la simple déclaration justifiée des comparants. C'est dans ce cas la proposition faite par eux qui seule effectue l'enregistrement et en règle le contenu. L'employé n'est donc responsable que de l'ordre dans la tenue du registre, et de l'exactitude de l'inscription telle qu'elle a été proposée. (Le règlement sur les actes hypothécaires de Prusse de 1783 a introduit l'instruction détaillée de toutes les relations de l'enregistrement. Ceux du Mecklembourg de 1819 et 1848 concernant les terres seigneuriales, de 1829, 1857 et 1859 pour les biens-fonds des communes, de 1852 par rapport aux immeubles soumis au bail emphythéotique et enfin de 1843 pour les possessions privées du domaine public, n'admettent que l'examen sommaire. Il en est de même dans le royaume de Saxe: voyez la loi sur les hypothèques de 1843.)

II. Outre la différence dans l'application des règlements généraux sur les opérations des registres hypothécaires d'après les diverses législations, il en est une concernant les enregistrements, c'est comme nous l'avons dit l'effet légal de l'opération, c'est-à-dire

1. l'effet légal que l'inscription du titre résultant de l'aliénation a sur l'acquéreur de l'immeuble enregistré, et sur son droit de propriétaire et

2. la nature légale de l'hypothèque inscrite.

Il existe une alternative par rapport à l'effet légal de l'inscription du titre de possession. Car le possesseur dont le nom est inscrit, peut être considéré comme le seul et véritable propriétaire autorisé par l'enregistrement à disposer pleinement de l'immeuble (à la réserve bien entendu des droits d'autrui inscrits dans le registre) ou bien d'autres possesseurs munis d'un pouvoir égal au sien, seront admis à côté de lui, quoique la propriété ne soit point enregistrée sous leur nom.

Il en est à peu près de même de l'hypothèque inscrite: on peut dire en effet qu'elle n'est, comme tous les gages, qu'un accessoire de l'obligation, et qu'elle n'a de but que celui de garantir le droit du créancier (c'est là la manière de l'envisager de presque toutes les législations), mais on peut aussi la considérer comme existant indépendamment de ce droit, comme un bien séparé de l'obligation, et dans ce cas le détenteur ou le cessionnaire de l'hypothèque, c'est-à-dire de la pièce prise pour base de l'enregistrement, occupe la même position que s'il était détenteur d'un billet payable au porteur; il est donc garanti contre la personne qui excipe du manque de validité de l'obligation. Quant au bien-fonds hypothéqué, il est ici pour ainsi dire une personne morale qui reste seule obligée au détenteur du document, malgré toutes les unitations de propriétés; enfin le registre sur lequel s'est fait l'inscription, s'attache en conséquence uniquement à l'immeuble, quelqu'en soit le possesseur. (Cette manière d'envisager l'hypothèque enregistrée, a été développée jusqu'à un tel point dans la ville libre de Brême, par une loi du 30 juillet 1860, qu'il est permis d'hypothéquer l'immeuble sous le nom du propriétaire avant l'existence d'une obligation et de faire expédier les documents nécessaires à cet effet, dans le but de trouver un créancier fixe du bien-fonds [Bremisches Handvestensystem].)

D'après les remarques que nous venons de faire dans l'intention de faciliter la tâche du Congrès par rapport aux immeubles, le tableau général de l'établissement des registres hypothécaires dans les différents États et provinces, abstraction faite des règlements inférieurs et par cela même de peu d'importance, se réduit à la réponse à faire aux questions suivantes:

1. A quels objets se rapportent les registres hypothécaires? Aux biens-fonds et aux propriétés bâties, ou aussi à d'autres droits indépendants et aliénables, tels que les étalages de pain et de viandes, enclavés dans le terrain, le tout appartenant à plusieurs propriétaires, et les portions de mines qui peuvent être aliénées séparément, enfin à l'emphytéose établie pour une certaine période ou pour tant et tant de générations, et, en Angleterre, à la concession de bâtir sur un terrain, donnée pour l'espace de 99 ans (building leaseholds) etc.?

2. L'institution des hypothèques s'étend-elle aux propriétés et biens-fonds de toute espèce, ou quelles sont les exceptions?

Les biens de l'État, de l'Église, des communes, des fondations seront-ils partout inscrits, ou ne le seront-ils que sous certaines conditions?

3. Quelle est l'organisation du registre des hypothèques?

a) désignation plus ou moins exacte des immeubles pour en constater l'identité, et les relations géographiques et locales par rapport à leur nom, et le numéro qu'ils portent dans le cadastre et dans la rue où ils se trouvent, soit avec, soit sans la déclaration de leur étendue, de leur prix d'achat, de leur valeur selon leurs rentes, des taux d'assurance etc.; inscription plus ou moins exacte de leurs appartenances et dépendances.

b) En combien de rubriques le registre, ou chaque feuille du registre est-elle divisée, n'importe qu'il y ait autant de feuilles que d'immeubles ou que plusieurs biens-fonds soient inscrits sur une seule et même feuille? (Le règlement sur les actes hypothécaires de Prusse, admet outre la feuille sur laquelle se trouve inscrite la désignation et la qualification de l'immeuble, encore trois rubriques: I. pour le nom du possesseur et le titre résultant de l'aliénation, II. pour les charges perpétuelles et les modifications de la propriété, III. pour les dettes hypothécaires et les autres obligations de l'immeuble. Les rubriques II. et III. sont subdivisées en 2 et 3 colonnes: 1. inscriptions, 2. cessions, 3. extinctions. — Le registre autrichien est divisé en deux parties principales appelées feuilles: celle de la possession et celle de la propriété et de ces charges. Les grandes propriétés foncières et les terres seigneuriales ont chacune un registre à part, les autres biens-fonds n'ont que des feuilles dans le registre de l'endroit où ils se trouvent; et les petites parcelles indépendantes etc. appartenant au même possesseur, s'inscrivent souvent plusieurs à la fois sur la même feuille.)

c) Tous les immeubles peuvent-ils être hypothéqués ou y a-t-il des exceptions à cet égard?

d) Selon le tribunal de la compétence duquel est la tenue du registre (soit tribunal de première ou de seconde instance, soit collège, soit employé spécial)?

e) Existe-t-il à côté du registre des hypothèques des actes fondamentaux particuliers, avec dépôt des documents en duplicata, avec citation quoad passum concernentem ou avec inscription complète?

4. La tenue du registre des hypothèques est-elle confiée aux tribunaux, ou à certains magistrats, collèges ou fonctionnaires en général, ou a-t-elle lieu d'après différentes classes de biens-fonds et de propriétés?

5. a) Quel est le mode à suivre pour l'enregistrement, de la part de particuliers ou d'autorités?

b) Quelles sont les formalités légales par rapport à la production des pièces justificatives de l'inscription (contrats de vente, documents qui constatent l'existence d'une obligation etc.)?

c) Quels sont les certificats donnés par l'employé?

6. Quels sont les règles qu'il doit observer par rapport à l'examen des pièces justificatives et de la personne des comparants, et jusqu'à quel point sa responsabilité doit-elle s'étendre?

7. L'acquéreur d'un immeuble est-il forcé de faire inscrire son titre, et s'il ne le fait pas, l'inscription doit-elle se faire d'office, ou dépend-elle de la volonté du propriétaire?

8. Quel est l'effet de l'inscription du titre et quelles sont les suites de l'omission de l'enregistrement en général, et spécialement quant à la disposition de l'immeuble?

9. a) Quelles sont les formalités à remplir envers l'État, les communes etc. selon les classes différentes des immeubles, pour en acquérir la propriété et en conséquence le droit de faire inscrire le titre résultant de l'aliénation.

b) Faut-il à cet effet que l'acquéreur prouve certaines qualités, telles que la noblesse, l'indigénat, la religion chrétienne, celle de l'État, etc.?

c) Comment procède-t-on et qu'exige-t-on pour l'inscription du titre de propriété de personnes juridiques ou de corporations?

10. a) Sous quel nom le titre doit-il être enregistré, si, dans les contrées où le vasselage existe encore, les différentes qualités réunies dans le droit du propriétaire, sont partagées entre plusieurs per-

sonnes. Le sera-t-il sous le nom du seigneur ou sous celui du vassal, ou enfin sous les deux noms à la fois?

b) Dans ce cas l'inscription a-t-elle lieu sur la même feuille et dans le même registre ou dans des registres différents ou enfin sur des feuilles séparées, l'une appartenant à la nue propriété (dominium directe), l'autre à la jouissance du bien-fonds (dominium utile), comme cela se fait par exemple pour les terres soumises au bail emphytéotique?

c) Comment opérer quand il s'agit de fidéicommis, de majorats, de minorats, de fondations de famille, de substitutions (par ex. en Angleterre pour la restriction héréditaire ou autres dispositions sur la propriété)?

d) Faut-il alors inscrire dans le registre hypothécaire les agnats expectants et leur droit, pour les garantir d'une perte, et quand faut-il le faire?

11. Comment faut-il faire dans les modifications quelconques de la propriété, comme pour un droit accordé à vie, pour celui de préemption et de rachat, et dans le cas de dévolution?

12. Que faut-il inscrire a) d'après le nombre des rubriques dans chacune d'elles, b) d'office ou sur la proposition des intéressés?

13. Faut-il que les charges quelconques d'un bien-fonds (servitudes etc.), même les charges habituelles selon l'endroit, soient inscrites dans le registre pour obliger les futurs propriétaires et les créanciers de l'immeuble dont les dettes sont enregistrées?

14. a) L'enregistrement préserve-t-il les dettes hypothécaires de prescription, ou faut-il les renouveler et dans l'espace de quel temps faut-il le faire? Quels sont les moyens de l'acquéreur de s'assurer contre les créanciers de l'immeuble, et quels sont ceux du propriétaire s'il veut libérer le bien-fonds des hypothèques, ne connaissant pas le nom des créanciers détenteurs?

15. Quelles sont les charges et les impôts (payables à l'État, à l'Église, aux communes, aux caisses d'assurance, aux compagnies des digues) qu'il est nécessaire d'inscrire dans le registre pour leur assurer la qualité de dettes du bien-fonds, et la priorité qu'ils ont entre les créanciers? Ce rang qu'ils occupent, reste-t-il invariable même pour les arrérages de ces redevances publiques et autres, et quelle est la durée de cette fixité?

16. Quels sont en outre les créanciers qui (abstraction faite des priviléges du droit romain et du code civil) jouissent d'une priorité malgré le manque d'inscription de la dette (les constructeurs, les domestiques du bien, pour des redevances d'une ou de deux années)?

17. De quoi dépend en général le droit de priorité de l'hypothèque entre les créanciers (de l'annonce de la dette, de son inscription ou d'une convention faite entre les parties)? Y a-t-il des institutions, qui, à cause de leurs titres (par ex. les instituts de crédit ruraux et seigneuriaux à cause des titres d'hypothèques, ou aussi des institutions ecclésiastiques) qui jouissent de certains priviléges relativement aux hypothèques?

18. Quelle garantie a le véritable propriétaire des prétentions de celui qui est inscrit dans le registre, et quels sont les moyens du propriétaire en général, de s'assurer à l'égard des créanciers de l'immeuble son droit de possession et tout ce qu'il lui est possible d'exciper pour se défendre de leurs demandes (protestations).

19. Dans le cas d'un morcellement du bien-fonds, comment les acquéreurs des parcelles se défendent-ils des prétentions de ceux qui possèdent le tout ainsi que des créanciers de l'immeuble?

20. Sous quelle rubrique et de quelle manière doit se faire la transcription des parcelles aliénées?

21. Jusqu'à quel point la nécessité de spécialiser l'hypothèque s'étend-elle? Peut-on faire inscrire une obligation solidaire sur les différents registres de plusieurs immeubles hypothéqués, indépendants l'un de l'autre, et les redevances indéfinies peuvent-elles être enregistrées même sans avoir été fixées à une somme connue?

22. Le cessionnaire d'une hypothèque est-il obligé de faire inscrire son droit dans le registre, et l'omission de cet enregistrement, peut-elle lui porter préjudice?

23. De quelles exceptions est-il possible de faire usage, après l'enregistrement de la cession, contre le créancier primitif et quelles autres peut-on employer contre le cessionnaire?

24. Quel est le droit du propriétaire qui paye une dette, s'il reçoit du créancier sa quittance, mais sans le consentement de l'extinction ou de la cession de l'hypothèque?

25. Le propriétaire a-t-il le droit pour disposer des hypothèques par le moyen de la cession, de les faire inscrire, sous son nom et sans nommer de créanciers fixes?

26. L'hypothèque s'étend-elle, sur les fruits, sur l'inventaire, sur les appartenances mobiles, sur les parcelles aliénées sans transcriptions et sans consentement, et sur les charges éteintes par la voie du rachat?

27. Quelle est la somme des frais (droit de timbre, frais de copie etc.) dans les différentes immeubles, pour l'inscription du titre de possession, selon les taux de vente et autres aliénations arbitraires ou forcées, et pour les inscriptions dans les rubriques II. et III. selon la somme par rapport à laquelle se fait l'enregistrement, la cession et l'extinction des charges et des hypothèques?

28. Quel est le délai nécessaire pour effectuer les enregistrements sur la proposition des intéressés, selon la différence des employés auxquels est soumis la tenue du registre et d'après l'organisation des hypothèques?

Peut-être la réponse aux questions précitées, conduit-elle en général au résultat voulu par les délibérations des séances antérieures du Congrès et par l'avant-projet adressé à la commission préparatoire de la 5. session relativement à la propriété foncière. Le rapporteur:

Berlin, le 16 juillet 1863.

Dr. W. A. Lette.

Membre de la Chambre des Députés et Président du Tribunal
des affaires d'agriculture.

VIII.

Rapport de Section sur le chapitre

Bâtiments.

Une partie considérable de la propriété foncière consiste en bâtiments. Leur rapport vis-à-vis des pays d'une certaine étendue constitue un tiers jusqu'à un quart de l'ensemble de la propriété foncière de l'État. On se rapproche assez de la vérité en évaluant leur valeur en Prusse à la moyenne de 110 Thaler par tête de population. Dans les pays où la population des villes est relativement plus grande, cette somme est dépassée; elle se monte pour le royaume de Saxe par ex. à 140 Thaler, pour le royaume de Hanovre à environ 143 Thaler. Quelque soit l'importance des intérêts dont-il est question, la statistique des bâtiments, qui est le moyen le plus efficace de les connaître, est encore loin d'être suffisamment développée, malgré des tentatives très-distinguées il règne toujours une certaine obscurité sur les modifications continuelles de la propriété foncière des bâtiments. Pour la dissiper il faudrait réformer entièrement cette branche de la statistique.

Jusqu'à présent la statistique des bâtiments ne formait qu'une appendice de la statistique de la population, en tant que, tout en recherchant l'état social de chaque habitant du pays, on y trouvait l'occasion d'adresser quelques questions sur sa demeure. Le recensement belge de 1846, œuvre vraiment classique, peut ici nous servir d'exemple. Il commença par agrandir considérablement le cercle des notices sur les bâtiments. Cependant jusqu'à présent on n'a accordé dans aucun pays son plein droit à la statistique des bâtiments; nulle part elle n'a pris place comme une branche de la plus haute importance, à côté de la statistique de la population. Partout elle se trouve subordonnée à celle-ci.

Le Congrès statistique de Londres proposa de rechercher les données suivantes sur les bâtiments:

Maisons habitées.

Leur nombre total.

Nombre dans trois ou quatre classes selon leur espèce.

(Les principaux éléments pour déterminer une classification de maisons seront: le nombre
d'étages, de chambres, de fenêtres, les matériaux de construction; si les maisons servent à
l'habitation seulement ou si elles servent à quelques fins industrielles, etc.; mais on n'a pas pensé
qu'il fût désirable de proposer une classification à la Section.

Maisons non habitées.
  Leur nombre total.
  A cause de leur construction récente.
  Délapidées et impropres à l'habitation.
  Autres.
Maisons en construction.
Institutions publiques.
  Nombre d'hôpitaux, de maisons de refuge, hôpitaux pour les aliénés, prisons, casernes, etc.
Boutiques, manufactures etc.
  Nombre de boutiques, de manufactures, de moulins, d'ateliers etc. destinés à diverses branches
  d'industrie; hôtels, auberges, maisons garnies, maisons publiques etc.

Il est facile de reconnaître dans ces données une intention accessoire. Elles ne sont en effet, comme
la plupart des travaux de statistique des bâtiments, qu'une introduction au recensement et n'atteignent point
le but. En outre ces propositions sont si peu précises que leur mise en pratique produirait les relevés
les plus divers. Mais il ne manque pas de moyens de donner à ces résultats une plus grande étendue.

Là où l'impôt sur les bâtiments appelle, comme une partie de l'impôt foncier, l'intérêt du fisc, la
propriété foncière consistant en bâtiments devient, il est vrai, pour l'établissement du cadastre, l'objet
d'un grand nombre de recherches approfondies, qui sont tout à fait favorables à la statistique. Mais
quelque grand que soit cet auxiliaire pour la statistique, celle-ci ne peut s'en tenir absolument au cadastre
des bâtiments, surtout là où il n'en existe pas. Il faut donc aviser à d'autres moyens d'arriver à une statistique complète, comparable et répondant à toutes les exigences de la propriété des bâtiments.

Lorsque l'on voit quels avantages l'amélioration de la méthode du recensement a apporté à la
statistique de la population, on n'est pas loin de se demander si des causes analogues n'amèneraient pas
à l'égard des bâtiments des effets semblables. ·

De même que le principe fondamental de la statistique est d'établir une séparation profonde entre
la représentation d'un état de choses dans un moment donné, et la représentation du mouvement de cet
état de choses, c'est-à-dire de ses modifications progressives, de même le fondement du recensement est,
comme représentant l'inventaire de la population, l'inscription de chaque individu, en d'autres termes: l'individualisation. Elle a lieu aujourd'hui assez généralement au moyen des Bulletins de ménage
(Household-Schédules). A cet effet, un bulletin est soumis à chaque chef de famille, par les autorités
chargées du recensement ou leurs organes, quelques jours avant celui fixé pour le recensement général, afin
que ce chef fournisse lui-même les notes exactes et individuelles, soit sur l'état corporel, spirituel, moral et
social de son propre individu, soit sur celui de sa famille ou de ceux qui appartiennent à sa maison, ou
bien qu'il charge quelqu'un de les fournir, sous sa responsabilité. Le jour après le terme fixé pour le
recensement, les bulletins sont recueillis par les agents, examinés, ordonnés et adressés à l'autorité immé-
diate, pour la concentration des informations.

On peut procéder de la même manière vis-à-vis des points les plus essentiels de la statistique
des bâtiments. Il s'agit tout d'abord d'individualiser exactement les bâtiments. Jusqu'à présent on a souvent
embrouillé les notions qui s'y rapportent. On appelle souvent une maison (Gebäude), au point de vue
statistique, ce qui forme un ensemble de bâtiments, on parle de biens-fonds pour désigner aussi bien une
maison qu'un champ ou un pré. En tout cas, ce qu'on peut appeler une maison, c'est un bâtiment doué
d'individualité, c'est-à-dire, possédant une entrée indépendante et un passage qui en relie tous les étages,
de sorte que, du moins dans la règle, il n'ait besoin pour cela d'avoir recours ni aux passages, ni à l'es-
calier d'un autre bâtiment. Il peut sans doute se rencontrer des servitudes ou charges de passages,
d'escaliers ou d'autres de cette espèce, qui privent la maison d'une véritable indépendance, mais ce sont
tous des cas rares et des exceptions qui n'infirment point la règle. — Un bien-fonds peut comprendre plusieurs maisons, mais une maison ne peut en aucun cas représenter par elle-même plusieurs biens-fonds.

La ressemblance architectonique entre plusieurs maisons importe aussi peu, que lorsque plusieurs maisons appartiennent à un seul propriétaire, ainsi que cela a lieu par ex. à Londres où des rues entières bordées de maisons absolument pareilles sont la propriété d'un entrepreneur de bâtisses. Ordinairement, l'individualité des maisons est déterminée aussi par des institutions de justice civile, administratives ou communales fort importantes, mais souvent, il est vrai, peu uniformes. S'il existe un cadastre pour l'impôt sur les bâtiments, chacun de ceux-ci y reçoit un numéro, ainsi que sur le cadastre des sociétés publiques d'assurances contre l'incendie, sur le registre des hypothèques, et enfin il y a encore les numéros des maisons, pour désigner leur situation topographique dans les rues etc. pour l'orientation des lieux. Or il arrive souvent et même habituellement qu'aucun de ces numéros ne concorde avec les autres. Mais ce serait le moindre inconvénient; un plus grave est que chacun de ces numéros se rapporte à une individualisation différente du bâtiment. Il en suit que les résultats du recensement des bâtiments, exécuté à des intervalles très-rapprochés dans un seul et même lieu, diffèrent par fois de 50 à 10 pour cent les uns des autres. Dans l'un des cas on aura peut-être compté les numéros du cadastre de l'impôt foncier, dans l'autre ceux du registre des hypothèques, dans le troisième toutes les maisons, c'est-à-dire le bâtiment de devant, celui de derrière et les ailes.

On voit qu'avec une pareille incertitude dans l'individualisation des maisons, toutes les autres informations qui s'y rapportent doivent porter l'empreinte de l'inexactitude. On ne pourra l'éviter que lorsqu'on se sera entendu sur les termes. Nous savons fort bien que rien n'est plus difficile. En Angleterre, lors du recensement de 1851 aucune des nombreuses définitions pour maison, ou bâtiment etc. n'a paru suffisante. Et lorsqu'on voit les différences qui existent entre les définitions dans les lois des divers pays auxquels on voudrait les emprunter, on ne peut se flatter d'en trouver qui contenteraient tous et qui seraient immuables. Nous prions donc de ne considérer les définitions suivantes que comme un essai de fixation des notions pour le recensement des bâtiments:

1. Un **Bien-Fonds** (Grundstück) est la notion collective pour désigner une propriété foncière de toute espèce. En réalité, une propriété seigneuriale est aussi bien un bien-fonds qu'un bâtiment, ou une parcelle de champ ou de pré.
2. Un **Bâtiment complexe**, est un bien-fonds qui comprend plusieurs bâtiments, n'importe de quelle espèce et pour quel emploi, lesquels sont groupés dans le même enclos et se relient soit par un usage commun, soit par leur construction. — Pour un grand nombre d'États ces bâtiments complexes se trouveront caractérisés par le numéro unique sous lequel ils sont inscrits dans le registre hypothécaire, ou dans le cadastre de l'impôt foncier. *)
3. Un **Bâtiment** est un bien-fonds érigé sous un toit, ayant son entrée, ses moyens de communication entre ses diverses pièces indépendants, quelle que soit sa grandeur, ses rapports d'architecture ou de propriété avec les bâtiments voisins, ou son emploi.

Une fois les bâtiments ainsi caractérisés, ou pourra comparer, dans le recensement des bâtiments, le bâtiment complexe avec le ménage ou la famille, et le bâtiment isolé avec l'individu. Or de même que dans le recensement de la population, une famille comptant plusieurs membres, ou un seul individu peut constituer un ménage, de même, dans le recensement des bâtiments, un bâtiment complexe, peut comme un bâtiment isolé, être considérée comme un bien-fonds indépendant. Ainsi ce dernier terme servira toujours à désigner l'indépendance d'une propriété bâtie.

Le recensement de la population ne s'informe pas seulement du nombre des habitants, mais aussi du sexe, de l'âge, de la nature physique et morale, de la confession, de la famille, de la demeure, de la présence ou de l'absence au moment du dénombrement, de la langue et de la nationalité, de l'état et de la profession et enfin du lieu de naissance de chaque individu. Le recensement des bâtiments doit

---

*) L'indication sur la manière de réaliser en Prusse la loi sur l'impôt des bâtiments, du 18 octobre 1862 contient ce qui suit: »Tous les bâtiments appartenant à une propriété, ainsi que les cours et le jardin, s'il ne dépasse pas un arpent (Morgen), doivent être portés sous un numéro courant du registre de taxation«.

Dans un grand nombre de lois sur l'impôt des bâtiments, p. ex. en Saxe, et dans le Grand-duché de Bade, on ne trouve aucune définition du mot bâtiment en général. Mais ce qu'on appelle le tableau des impôts sur les bâtiments (Gebäudesteuerrollen) contient la description des bâtiments complexes d'après les différentes parties qui les composent.

prendre des proportions analogues et s'étendre: au nombre, à la situation topographique, au mode de construction, aux rapports de propriété et à la fixation de l'emploi de chaque bâtiment. Autant que possible on pourra y joindre des notices sur le plus ou moins d'habitants d'une maison, sur le prix soit la moyenne des loyers, sur la somme des assurances contre l'incendie, et sur le taux de l'impôt.

Il ne faut pas oublier qu'ensuite de la confusion qu'on fait entre la destination d'un bâtiment et ses rapports de propriété, il résulte certaines inexactitudes. On présume toujours qu'il s'agit d'un but public dès qu'un bâtiment se trouve en d'autres mains que celles d'un particulier, et vice versa. Mais c'est à tort. Il est fort difficile de caractériser la destination même d'un bâtiment, d'une manière exacte. L'industrie ou le commerce entre les mains de l'État ou de la commune, ont-ils un but public ou privé? Le mieux est de ne parler ni de bâtiments publics, ni de privés; mais de spécifier le but même, puis de classer les bâtiments d'après ce but, et de n'avoir égard au propriétaire qu'en le considérant d'une manière tout à fait indépendante.

Toutes les données doivent être recueillies sur une liste appelée la liste des bâtiments et chaque propriétaire en recevra une sur laquelle il indiquera tout ce qui a rapport à son bâtiment, de sorte que dans la collection de toutes les listes chaque bien-fonds indépendant, soit chaque numéro du cadastre, figurera par une inscription particulière sur chaque liste, et dans chaque liste chaque bâtiment en tant qu'il fera partie d'un bien-fonds.

La liste des bâtiments prendra donc la forme de l'annexe A.

Afin de concentrer les données, il sera bon de donner au tableau des bâtiments la forme proposée dans l'annexe B.

Il n'y a pas de doute que, si le tableau B. est rempli avec intelligence, il ne puisse devenir une source très-importante de renseignements. Au moyen de la répétition périodique des recensements de bâtiments, on verra clairement comment se modifie la construction des bâtiments et leur emploi, combien les logements augmentent en densité, et combien ces changements en modifient les prix, par l'augmentation des loyers. Par la comparaison des prix d'achat, la moyenne des loyers, le rendement net de l'impôt (ou des unités d'impôt) d'un côté, et par les sommes des assurances contre l'incendie, de l'autre, on obtiendra la valeur du sol sur lequel reposent les bâtiments.

Il est évidemment toute une série de modifications d'une autre espèce dont on ne pourra se rendre compte d'après le tableau des bâtiments proposé. Ce sont celles qui se rapportent à la démolition et à la reconstruction des bâtiments. Si nous comparons le recensement des bâtiments avec celui de la population, nous pouvons placer la construction et la démolition des maisons à côté des naissances et des décès. Ces modifications ont lieu à chaque instant. Le chiffre des bâtiments ne cesse d'être en mouvement, non seulement dans son ensemble mais aussi pour chaque bâtiment individuel. Ce mouvement est contrôlé pour différents motifs d'administration. Là où existe un impôt sur les bâtiments, le cadastre doit suivre soigneusement et pas à pas ces métamorphoses. Le registre des propriétés, et la police des bâtiments ne sont pas moins intéressés à en prendre une note exacte; de sorte qu'il ne sera pas difficile (ou du moins qu'on ne devra pas manquer d'en poser la base) d'établir chaque année pour chaque localité un tableau de l'augmentation ou de la diminution des bâtiments ainsi que le présente le formulaire C. D'après ce tableau on pourra facilement et exactement se rendre compte non seulement de la qualité, mais aussi de la quantité des modifications de la propriété foncière consistant en bâtiments.

On pourrait objecter qu'il soit superflu de faire un relevé à part du mouvement de la propriété des bâtiments, puisque, par l'inscription réitérée et périodique de leur situation ce mouvement se trahit de lui-même par la différence entre les nouveaux et les anciens résultats. Cette manière de voir n'est qu'en partie juste. Outre que, dans beaucoup d'États, des recensements de population, auxquels on peut joindre le mieux des recensements de bâtiments, ont lieu tous les dix ans; il n'est pas possible d'en tirer les résultats du mouvement, encore moins des causes. Il peut arriver facilement que 100 bâtiments aient été détruits dans une seule localité immédiatement après un recensement des bâtiments, et qu'ils soient rétablis peu à peu dans l'intervalle de dix années. Deux recensements consécutifs, à dix ans d'intervalle, ne laisseraient apercevoir aucun changement. Pourtant quelle a été l'étendue du malheur qui a frappé cette localité? Quel travail immense n'a-t-il pas fallu pour la réparer? Les recensements seuls des bâtiments n'en trahiraient rien.

C'est en distinguant les nouvelles bâtisses exécutées sur un sol anciennement ou nouvellement habité, qu'on arrivera à savoir, dans quelle mesure un sol labourable, par exemple dans les environs d'une grande ville, s'est peu à peu couvert de maisons. De plus, par l'indication des étages, on reconnaîtra facilement, combien, dans les grandes villes, on en est réduit à profiter de l'espace le meilleur marché, c'est-à-dire de l'espace vertical.

Là où il y a destruction des bâtiments, c'est le plus souvent le fait de l'incendie, et il vaut la peine de l'examiner de plus près. Cela a eu lieu en ce sens que les bâtiments dont il est question ont été distingués d'après leur nature, afin de faciliter par ce moyen la meilleure comparaison entre leur nombre, et le nombre total des bâtiments de même nature. Le résultat de cette comparaison répond en quelque sorte au chiffre de la durée des bâtiments analogues.

On distingue parmi les démolitions, celles qui ont lieu dans le but de rebâtir à la même place, celles qui ont lieu dans cette intention, et entr'autres celles qui ont lieu pour des raisons privées, de celles qui ont lieu pour cause d'utilité publique. Là où ces dernières ont pris d'immenses proportions, comme à Paris, il est bon de les distinguer, au point de vue statistique, des autres causes de démolition.

De la comparaison entre les résultats du mouvement et ceux de la situation de la propriété des bâtiments jailliront sans doute de nouvelles lumières et une foule de faits intéressants. Non seulement on distinguera très-exactement les constructions nécessaires, de celles de spéculation, mais on aura aussi des données précises pour l'évaluation de l'immense capital employé annuellement dans les constructions, ainsi que pour celle des pertes causées par les incendies ou les démolitions.

En vue de ces explications la Section propose que:

Le Congrès veuille bien profiter de son influence pour faire naître des recensements réguliers et périodiques de bâtiments et une statistique des constructions et des démolitions de bâtiments comme il est indiqué par les formulaires A., B. et C.

Berlin, juillet 1863.

Le rapporteur:

Dr. Engel.

Directeur du Bureau de Statistique.

Annexe A.

№ .....
du Cadastre des Assurances contre l'incendie.

№ .....
du Registre des Hypothèques.

Bulletin de Bâtiment

pour le Bien-fonds № ..... du Cadastre de l'Impôt foncier des Bâtiments

relevé le .... 18..

No. d'ordre pour chacun des bâtiments du Bien-fonds.	Nom du Propriétaire.	État ou Profession	Situation topographique.	Mode de construction		Destination et Emploi.	Logement. Nombre		Valeur ou Prix			Impôts.		Obser-vations.
				des murs d'enceinte.	de la toiture.		des Mé-nages.	des Per-sonnes	Dernier prix d'achat.	Rendement du loyer actuel pendant l'année.	Somme des assurances, sans mobilier.	Taux annuel de l'impôt foncier de l'État.	Franc d'impôt d'après le §. ..... de la loi.	
1	Fisc.	Bureau royal de statistique.	Lindenstrasse 32.	massifs.	Tuiles.	Administration de l'État — Habita-tion de service	2	11	.	.	.	.		
2	»	»	» Cour	massifs.	»	»			.	.				
3	»	»	» Cour		»	Hangar et Remise.	.	.						

5

Annexe B.

Tableau des Bâtiments.

Du Lieu, du District, de la Circonscription, de la Province, de l'État, relevé le 31 décembre 18..

Colonnes primaires:
Rue, Localité, District, Circonscription, Province, État.

Colonnes secondaires:

I. Nombre des biens-fonds.
   1. en général. 2. avec 1 bâtiment. 3. avec deux. 4. avec 3 jusqu'à 5. 5. avec 6 jusqu'à 10.
   6. au-dessus de 10 bâtiments.

II. État de propriété du bien-fonds..; appartenant
   7. aux Membres de la Maison régnante. 8. à l'État. 9. à l'Église ou à des fondations pieuses·
   10. aux Etats provinciaux. 11. à la commune urbaine. 12. à la commune rurale. 13. à d'autres
   corporations politiques, provinciales ou de district. 14. à des personnes juridiques. 15. à des particuliers: dans la banlieue de la commune urbaine. 16. de la commune rurale. 17. dans une propriété formant la commune elle-même. 18. Somme.

III. Mode de construction de chaque bâtiment.
   19. 20. Murs d'enceinte massifs avec: dure toiture; molle toiture.*) 21. 22. Enceinte de char-
   pente idem. 23. 24. Murs de terre glaise idem. 25. 26. Enceinte de bois idem. 27. Somme.

IV. Destination de chaque bâtiment.
   28. Habitation. 29. Agriculture, sylviculture, chasse (étables, hangar, grange etc.). 30. Mines et forges.
   31. Industrie, commerce (moulins, magasins etc.). 32. Postes, chemins de fer, télégraphes. 33. Assistance publique, santé publique. 34. Culte religieux. 35. Instruction publique. 36. Administration
   publique excl. administration des transports et militaire et de la marine. 37. Administration militaire et de la marine. 38. Administration de commune et de police locale en général. 39. Autres
   emplois. 40. Somme.

V. Détails de l'habitation.
   Nombre de chacun des bâtiments, dans lesquels demeurent:
   41. 1 ménage. 42. 2 ménages. 43. 3 ménages. 44. de 4 à 5 ménages. 45. de 6 à 10 ménages.
   46. de 11 à 20 ménages. 47. au-dessus de 20 ménages. 48. au-dessous jusqu'à 10 personnes.
   49. de 11 à 20 personnes. 50. de 21 à 30 personnes. 51. de 31 à 50 personnes. 52. de 51 à 100 personnes. 53. au-dessus de 100 personnes. 54. Nombre des bâtiments pour le moment inhabités.

VI. Prix, soit loyer des bâtiments.
   a) Nombre des bâtiments du prix réel de
   55. au-dessous jusqu'à 200 Thlr. 56. de 200 à 500 Thlr. 57. de 500 à 1000 Thlr. 58. de 1000 à 2000 Thlr.
   59. de 2000 à 5000 Thlr. 60. de 5000 à 10 000 Thlr. 61. de 10 000 à 20 000 Thlr. 62. de 20 000 à
   50 000 Thlr. 63. de 50 000 à 100 000 Thlr. 64. au-dessus de 100 000 Thlr.
   b) Nombre des bâtiments du loyer réel de
   65. au-dessous jusqu'à 10 Thlr. 66. de 10 à 25 Thlr. 67. de 25 à 50 Thlr. 68. de 50 à 100 Thlr. 69. de
   100 à 250 Thlr. 70. de 250 à 500 Thlr. 71. de 500 à 1000 Thlr. 72. de 1000 à 2500 Thlr. 73. de 2500
   à 5000 Thlr. 74. au-dessus de 5000 Thlr.
   c) Nombre des bâtiments assurés contre l'incendie pour le prix de
   75. au-dessous jusqu'à 200 Thlr. 76. de 200 à 500 Thlr. 77. de 500 à 1000 Thlr. 78. de 1000 à 2000 Thlr.
   79. de 2000 à 5000 Thlr. 80. de 5000 à 10 000 Thlr. 81. de 10 000 à 20 000 Thlr. 82. de 20 000 à
   50 000 Thlr. 83. de 50 000 à 100 000 Thlr. 84. au-dessus de 100 000 Thlr.
   Observations. Doivent concorder:
       1. les sommes I. 1. et II. 18.
       2. »   » III. 27. et IV. 40.

---

*) Nous appelons toitures dures: les toits en briques, ardoises, tôle etc.; toitures molles: les toits en paille, en bardeaux etc.

Mouvement de la Propriété immobilière.

Colonnes primaires:
Lieux, District, Circonscription, Province, État.

Colonnes secondaires.

I. Accroissement.
  a) Nouvelles bâtisses sur un terrain nouveau.
    1. Immeubles. 2. Bâtiments y attenants. 3. Produit net de l'impôt.
  b) Nouvelles bâtisses sur un ancien terrain.
    4. Immeubles. 5. Bâtiments y attenants. 6. Produit net de l'impôt.
  c) Augmentation d'étages.
    7. Immeubles. 8. Bâtiments y attenants. 9. Produit net de l'impôt.
  d) Annexes.
    10. Immeubles. 11. Bâtiments y attenants. 12. Produit net de l'impôt.

II. Diminution.
  a) Destructions:
    par le feu, les explosions et semblables événements; concernant des:
      Bâtiments avec des murs d'enceinte massifs;
        de toiture dure*): 13. Bâtiments. 14. Produit net de l'impôt.
        de toiture molle: 15. Bâtiments. 16. Produit net de l'impôt.
      Bâtiments avec des enceintes de charpente;
        de toiture dure: 17. Bâtiments. 18. Produit net de l'impôt.
        de toiture molle: 19. Bâtiments. 20. Produit net de l'impôt.
      Bâtiments avec des enceintes de terre glaise;
        de toiture dure: 21. Bâtiments. 22. Produit net de l'impôt.
        de toiture molle: 23. Bâtiments. 24. Produit net de l'impôt.
      Bâtiments avec des enceintes de bois;
        de toiture dure: 25. Bâtiments. 26. Produit net de l'impôt.
        de toiture molle: 27. Bâtiments. 28. Produit net de l'impôt.
    par l'eau, la neige, la glace, les avalanches.
      29. Bâtiments. 30. Produit net de l'impôt.
    par le vent, la tempête.
      31. Bâtiments. 32. Produit net de l'impôt.
    par tremblement de terre, éboulements: 33. Bâtiments. 34. Produit net de l'impôt.
    par éboulement faute de solidité ou par décrépitude: 35. Bâtiments. 36. Produit net de l'impôt.
    par la guerre ou révolution: 37. Bâtiments. 38. Produit net de l'impôt.
  b) Démolitions:
    pour reconstruire à la même place: 39. Bâtiments. 40. Produit net de l'impôt.
    sans dessein de rebâtir à la même place:
    pour cause privée: 41. Bâtiments. 42. Produit net de l'impôt.
    pour cause publique: 43. Immeubles. 44. Bâtiments y attenants. 45. Produit net de l'impôt.

---

*) Nous appelons toitures dures les toits en briques, ardoises, tôle etc.; toitures molles: les toits en paille, en bardeaux etc.

IX.

Rapport de Section sur le chapitre

Des mutations, de la valeur vénale et de l'endettement de la propriété foncière.

La connaissance de la valeur vénale et de l'endettement de la propriété foncière est évidemment l'une des parties les plus difficiles de l'enquête à établir sur cet objet. Il existe pour spécifier la première plusieurs voies et méthodes qui peu à peu en sont venues à former, sous le nom de taxation, une véritable science. Des auteurs aussi riches en expériences pratiques qu'en connaissances théoriques se sont prononcés sur ce point dans une série d'excellents ouvrages, mais ils ne sont pas arrivés à la concordance des opinions. Il paraît en général impossible de poser des règles de taxation valables pour tous les cas et au moyen desquelles on puisse fixer le produit net, et partant la valeur en capital, des propriétés terrières. On arrive nécessairement à cette conviction non seulement en examinant les instructions au moyen desquelles on désigne les limites du crédit foncier ou celles des assurances pour le contrôle des sommes à assurer, mais aussi, et encore plus, si l'on compare entr'eux les principes qui régnaient e règnent encore dans les divers États, pour la fixation de l'impôt foncier. On trouve partout d'importantes déviations, partout aussi le recours à un contrôle puissant: aux valeurs vénales et au prix des baux. On ne peut nier que ceux-ci ne doivent donner en somme la mesure la plus exacte de la valeur de la propriété. Que dans quelques cas les prix soient exagérés, dans d'autres, tels que les règlements d'héritages, fixés au plus bas; qu'il arrive dans certaines années ou contrées des conjonctures bonnes ou mauvaises qui pour un moment fassent hausser ou baisser le prix des propriétés, il n'en est pas moins vrai que les valeurs vénales et les prix courants des baux représenteront surtout en grand nombre, la valeur d'échange des propriétés vendues ou affermées. A cet effet il ne s'agit plus que de séparer le mobilier de l'immobilier, ce qui a déjà lieu assez souvent, de même qu'il est facile de le faire là où cela n'a pas encore eu lieu.

La valeur d'échange d'une propriété peut, il est vrai, être fort différente de sa valeur d'utilité ou de sa valeur absolue; mais quant à fixer cette dernière pour toutes les propriétés du pays, c'est là un problème qui doit être considéré comme insoluble. D'ailleurs la valeur absolue elle-même n'est point invariable. Elle dépend essentiellement d'autres conditions que de celles données par la nature, notamment de la fécondation du sol, de l'engraissement, de l'amélioration au moyen du dessèchement ou du drainage, du mode de culture etc. Ainsi plus cette fécondation augmente, plus s'accroit la valeur absolue, en admettant du reste que les circonstances ne changent point et que le capital ne fasse jamais défaut. On ne peut donc fixer la valeur de la propriété foncière que pour une époque donnée. Et encore reste-t-il à savoir si cette appréciation n'embrasse que le moment présent, ou repose sur une valeur idéale, ainsi que cela a lieu dans les taxations pour l'impôt foncier. Celles-ci, après avoir apprécié le produit net et les rentes foncières, adoptent une moyenne de culture, en supposant dans tout le pays un seul mode de culture, de production et de débit.

Ces réflexions suffiront pour faire comprendre combien il est difficile de préciser en chiffres la valeur absolue ou seulement la valeur d'utilité d'une propriété. C'est pourquoi nous devons nécessairement nous en tenir à la valeur d'échange, et considérer en somme les prix de vente et des baux comme ceux qui la représentent. Sans doute la valeur d'échange est plus variable en général que la valeur d'utilité. C'est le fait de l'influence d'une foule de circonstances morales, sociales et politiques. Seulement on apprend généralement sans grande difficulté celles qui se rapportent à la propriété foncière, et la vérité finit par ressortir d'une grande quantité de renseignements. Celle-ci ressort d'autant plus que l'acheteur d'une marchandise quelconque et aussi d'un bien-fonds a d'abord en vue la valeur d'utilité.

Dans la plupart des cas, il faut prendre en considération, pour arriver à la valeur vénale, une foule de circonstances secondaires telles que les frais de production, le revenu brut, l'écoulement des produits, le taux de l'intérêt du capital nécessaire, le gain possible de l'entreprise, la cherté et l'agrément de la vie, la possibilité d'une bonne éducation pour les enfants etc.

On ne peut pas en dire tout à fait autant des prix convenus dans les règlements d'héritage, et encore moins, dans tous les cas, du montant des licitations dans les subhastations forcées de biens-fonds, ou des prix fixés dans les expropriations, qui sont loin de répondre à la valeur d'utilité. Aussi est-il nécessaire de les noter à part. D'après la comparaison d'une assez grande somme d'unités de surface (arpents, hectares, acres etc.), qui ont passé en d'autres mains par les moyens de mutation précités, on obtient facilement l'influence de ces mutations sur les prix.

On a recueilli dans presque tous les pays des données plus ou moins complètes sur la valeur vénale de certaines surfaces de la propriété foncière. La déviation des données pour une unité de surface est assez considérable. D'ordinaire les différences s'expliquent par ce fait, c'est que dans un cas ce sont les prix d'offre, dans un autre les taxes de crédit, dans un troisième les estimations pour l'impôt foncier, dans un quatrième les taxes juridiques ou les taxes de subhastation, dans un cinquième peut-être aussi les véritables prix de vente, dont on tient compte et qui enfin se trouvent pris comme points de comparaison. C'est contre ce recours à des sources si diverses qu'il faut réagir.

Par malheur ce serait une impossibilité de fixer la valeur vénale et le prix des baux pour tous les biens-fonds et d'étendre ainsi les données jusque dans le passé. Les peines et les frais qu'exigerait un pareil but seraient à peine proportionnés avec le degré de sûreté du résultat. Il faut donc se contenter de recueillir de pareilles données pour l'avenir, d'autant plus que leur source ne tarit pas. En tous temps on achètera et l'on vendra des biens-fonds; en tous temps l'héritage en fera passer en d'autres mains; en tous temps il se trouvera des gens qui perdront tout droit sur leur propriété et seront forcés de la vendre à l'enchère pour la satisfaction de leurs créanciers; enfin plus l'intérêt public bien ou mal entendu fera valoir ses droits et sa puissance, plus il y aura d'expropriations. Il s'agit donc de prendre note de la valeur des biens-fonds, d'après ces cas de mutations presque toujours juridiquement exécutés dans tous les pays et dans la plupart des cas, en tant qu'ils s'expriment par les prix de vente, les prix réglés dans les règlements d'héritage, les prix échus dans les enchères, et les estimations dans les cas d'expropriation.

Ainsi la statistique des valeurs vénales des biens-fonds doit être mise en relation avec celle des mutations, et quant aux données sur ce point, il faut les recueillir complètement et régulièrement. C'est pourquoi il faudra engager les autorités judiciaires, devant lesquelles sont portées les mutations, à en recueillir la statistique, aux points de vue historique, politique et social.

Pour les mêmes raisons il sera bon de prier ces autorités de faire un pas de plus et de spécialiser ou de préciser davantage leurs observations. C'est une chose connue et déjà indiquée plus haut que la première réflexion d'un acheteur dans chaque achat c'est sa propre solvabilité, et qu'ensuite, une fois celle-ci constatée, il est alors question de la valeur d'utilité. Cette solvabilité n'est pas seulement en rapport simple et inverse avec la grandeur de la somme, mais, pourrait-on dire, en rapport carré.

Si dans une localité ou un cercle un habitant sur 10 est en état de payer 100 thaler pour un objet, il n'y a certainement pas un sur 10 000 habitants du même cercle qui soit en état de payer 100 000 thaler pour un autre objet d'une valeur relative. C'est sur cette diminution pyramidale de solvabilité du côté d'en haut que repose le fait que les grandes propriétés sont relativement à meilleur marché que les petites, de même qu'il est reconnu depuis longtemps que le loyer des grands logements est moindre que celui des petits, relativement à l'espace et au confortable. Dans la vente de quelques parcelles il y a encore une autre circonstance qui fait augmenter le prix, car elles sont en général payées plus cher et même au-dessus de leur valeur réelle par les voisins qui les acquièrent pour arrondir leur propriété et qui peuvent les cultiver sans augmenter de beaucoup leurs frais. Il en est de même lorsque la parcelle est recherchée comme un instrument de travail par ceux qui veulent tirer un bon parti du loisir que leur laisse leur occupation habituelle.

De semblables nuances de prix, quelqu'importantes qu'elles soient, passeraient inaperçues, si l'on n'y avait pas égard tout d'abord. Les circonstances sociales sont à considérer en première ligne. Il n'est certainement pas indifférent pour l'administration, comme pour l'appréciation de la situation générale d'un peuple, de savoir quelles sont les surfaces qui subissent des mutations et quel est la valeur imposable de ces surfaces. Une fois qu'on le sait, il n'est pas difficile de leur comparer les véritables valeurs d'échange, lesquelles se trahissent plus ou moins exactement dans les quatre espèces de prix cités plus haut.

On peut désigner comme objets de possession qui, à peu d'exceptions près, se retrouvent dans tous les pays, les suivants: 1. Les domaines de la couronne. 2. Les domaines de l'État. 3. Les principautés médiatisées. 4. Les terres de l'Église ou de l'École. 5. Les terres seigneuriales. 6. Les fermes. 7. Les champs. 8. Les prés. 9. Les jardins et vignes. 10. Les forêts ou bois, parmi lesquels on distingue les forêts de l'État, les forêts particulières, les parcelles de forêts. 11. Les auberges, moulins, fabriques, et établissements industriels de toute espèce. 12. Les maisons. 13. Les places à bâtir. 14. Autres désignés sous les Nos. de 1 à 13.

Comme la vente des objets de possession de 1 à 6 peut aussi bien avoir lieu avec que sans inventaire, il faudrait aussi avoir égard à cette circonstance qui n'est pas sans influence sur le prix. Le formulaire du tableau à dresser pour le relevé et la publication des faits concernant les mutations ainsi que des prix obtenus, prendrait la forme donnée dans le supplément Nr. I. Ce tableau serait présenté et publié annuellement par l'autorité compétente, sur son cercle juridique. On en a déjà des exemples. Rappelons entr'autres: les communications très-précieuses contenues dans le très-savant: »Mémoire sur la question de l'établissement de crédit réel, pour la province de Saxe«, en outre: les tableaux publiés régulièrement par les tribunaux royaux de Saxe sur les affaires de biens-fonds et d'hypothèques portés à leur barre, lesquels livrent depuis des années à la publicité, de leur propre mouvement, presque tout ce qui est indiqué dans le tableau ci-dessus.

L'endettement ou les charges hypothécaires des biens-fonds, d'un côté, de l'autre, l'acquittement et la libération de leurs dettes, se trouvent dans le rapport le plus direct avec la valeur des biens-fonds et leurs mutations. Mais la connaissance qu'on en a est tout aussi inexacte que celle de la valeur des biens-fonds. Dans quelques pays le cadastre des impôts peut donner là-dessus quelques renseignements, mais partout on manque du matériel nécessaire pour apprécier le montant des dettes. Le peu de données qu'on a sur ce point diffèrent du tout au tout. Lorsque en 1850 le Conseil d'État français établit une vaste enquête sur la propriété foncière et le crédit foncier, Mr. d'Argout, gouverneur de la Banque de France et ancien ministre, répondit à la question: »Quelle somme pèse sur la propriété foncière en France?« par ces mots parfaitement et longuement motivés: »Nous l'ignorons. On a successivement accusé les chiffres effrayants de 13 500 millions, de 11 300 millions, de 10 000 millions et enfin de 8 500 millions de francs. Lequel de ces chiffres est le vrai? Sont-ils tous également faux? Sur le chiffre général combien faut-il déduire pour les hypothèques périmées, pour les doubles emplois, pour certaines hypothèques qui ne représentent point une dette réelle, mais de simples garanties données pour obtenir l'ouverture d'un crédit commercial ou pour d'autres causes?«

Toutes ces questions durent alors rester sans réponse, et elles en sont encore là. M. d'Argout désirait que l'administration éclairât avant tout les points suivants: 1. Quelle est le meilleur moyen d'évaluer exactement les propriétés? et le plus sûr d'estimer la valeur d'un bien-fonds? 2. Quel est le rapport (par départements) entre la valeur vénale des propriétés foncières et leur revenu? 3. Quel est le rapport de l'impôt foncier avec ce même revenu?

Mais la lumière ne s'est pas faite, et nous avons montré par ce qui précède pourquoi on ne peut y arriver ou du moins très-difficilement. On n'en sait pas d'avantage, dans chaque État, sur les dettes qui pèsent sur la propriété foncière. Rien ne serait plus difficile que de recueillir ces données pour tous les biens-fonds de l'État, dans un moment donné, sans compter que les résultats même en y mettant beaucoup de soins et de temps, ne pourraient être qu'imparfaits. Il n'en est pas de même s'il s'agit de réduire en chiffre l'endettement et la libération des dettes tel qu'ils se produisent dorénavant. Comme, dans la plupart des pays, l'un et l'autre arrivent, ainsi que les cessions, à la connaissance de la justice, cela coûterait fort peu de peine à l'employé d'enregistrer statistiquement le produit 1. des prêts, et des sommes arriérées du prix de vente ou de prix d'héritage, 2. des cessions, 3. de l'extinction et de l'acquittement des dettes, et d'établir en même temps la distinction d'un côté entre le taux de l'intérêt et la situation des biens-fonds (à la ville ou à la campagne).

Sans doute il serait désirable, de pousser plus loin encore la division des biens-fonds. Mais le moindre pas fait au delà de cette limite compliquerait énormément les notices et rendrait difficile non seulement leur introduction, mais aussi leur comparabilité internationale. Les avantages que nous retirerons déjà des indications proposées sont incalculables, et l'avenir se chargera de les perfectionner. Tôt ou tard sans doute, le temps viendra où dans tous les États on pourra établir le tableau complet de la valeur de la propriété foncière. Pour le moment, il faut se contenter des données qui pourront être fournies simplement et facilement par chaque autorité judiciaire, suivant le formulaire Nr. II. Avouons que ce peu de chose constituera déjà un des plus précieux trésors de la statistique.

Le Congrès est donc prié de vouloir bien faire valoir son influence, afin que:

1. des notices régulières sur le mode de mutation et sur les prix fixés dans ces mutations, c'est-à-dire sur les valeurs vénales, soient recueillies et publiées dans la forme indiquée par le formulaire I.;

2. des notices sur les charges hypothécaires et la libération des biens-fonds soient recueillies dans la forme donnée par le formulaire II.

Berlin.

Le rapporteur:

Dr. Engel.

Mutations.

Résumé

des Ventes, Règlements d'héritage, Subhastations et Expropriations inscrites en 18 . . auprès de l'Autorité . . . . .

Objets de possession échangés par les propriétaires.	I. Ventes (Valeurs vénales).				II. Valeurs ou prix fixes par Règlements d'héritages.				III. Subhastations (Enchères forcées).				IV. Expropriations.				Observations.
	Nombre.	Surface de la propriété.	Impôt d'après le cadastre.	Prix de vente.	Nombre.	Surface de la propriété.	Impôt d'après le cadastre.	Prix d'acceptation.	Nombre.	Surface de la propriété.	Impôt d'après le cadastre.	Prix de Licitation.	Nombre.	Surface de la propriété.	Impôt d'après le cadastre.	Prix d'estimation.	Parmi les mutations registrées il y en avait tant, combinées avec un morcellement:
	1	2	3	4	5	6	7	8	9	10	11	12	13	14	15	16	17
1. Domaines et forêts de la Couronne — avec Inv. / sans Inv.																	
2. Domaines et forêts de l'Etat — avec Inv. / sans Inv.																	
3. Principautés médiatisées — avec Inv. / sans Inv.																	
4. Biens de l'Église et de l'École — avec Inv. / sans Inv.																	
5. Propriétés seigneuriales — avec Inv. / sans Inv.																	
6. Propriétés rurales (Bauergüter) — avec Inv. / sans Inv.																	
7. Champs.																	
8. Prés.																	
9. Jardins et vignes.																	
10. Forêts.																	
11. Auberges, moulins et fabriques.																	
12. Maisons.																	
13. Places à bâtir.																	
14. Autres biens-fonds.																	

Formulaire II.

Endettement et Amortissement des dettes.

Résumé

des Charges et des Hypothèques de la Propriété foncière inscrits, en 18.. auprès de l'Autorité de .....

Sommes.	I. Prêts. Sommes arriérées d'héritage résultant de ventes et de règlements. Nombre porté au registre des Hypothèques										II. Cessions. Nombre porté au registre des Hypothèques										III. Acquittements. Nombre porté au registre des Hypothèques									
	des biens-fonds de ville de toute espèce, au pied de l'intérêt de					des biens-fonds ruraux de toute espèce, au pied de l'intérêt de					des biens-fonds de ville de toute espèce, au pied de l'intérêt de					des biens-fonds ruraux de toute espèce, au pied de l'intérêt de					des biens-fonds de ville de toute espèce, au pied de l'intérêt de					des biens-fonds ruraux de toute espèce, au pied de l'intérêt de				
	au-dessous jusqu'à 3%.	au-dessus de 3—4 %.	au-dessus de 4—5 %.	au-dessus de 5 %.	intérêt inconnu.	au-dessous jusqu'à 3%.	au-dessus de 3—4 %.	au-dessus de 4—5 %.	au-dessus de 5 %.	intérêt inconnu.	au-dessous jusqu'à 3%.	au-dessus de 3—4 %.	au-dessus de 4—5 %.	au-dessus de 5 %.	intérêt inconnu.	au-dessous jusqu'à 3%.	au-dessus de 3—4 %.	au-dessus de 4—5 %.	au-dessus de 5 %.	intérêt inconnu.	au-dessous jusqu'à 3%.	au-dessus de 3—4 %.	au-dessus de 4—5 %.	au-dessus de 5 %.	intérêt inconnu.	au-dessous jusqu'à 3%.	au-dessus de 3—4 %.	au-dessus de 4—5 %.	au-dessus de 5 %.	intérêt inconnu.
	1	2	3	4	5	6	7	8	9	10	11	12	13	14	15	16	17	18	19	20	21	22	23	24	25	26	27	28	29	30
Sommes de au-dessous jusqu'à 100 Thl.																														
au-dessus de 100 — 250 »																														
» de 250 — 500 »																														
» de 500 — 1 000 »																														
» de 1 000 — 2 500 »																														
» de 2 500 — 5 000 »																														
» de 5 000 — 10 000 »																														
» de 10 000 — 25 000 »																														
» de 25 000 — 50 000 »																														
» de 50 000 — 100 000 »																														
» de 100 000 — »																														

Annexe.

Le Programme allemand contient comme annexe un dernier rapport par Mr. de Lavergne-Peguilhen intitulé:

Le capital foncier ou immobilier, ses rapports avec le capital mobilier et la comparabilité des conditions agraires ou rurales à différentes époques.

Ce rapport, dépassant les limites et la compétence d'un congrès de Statistique, n'est ajouté par la Section au Programme qu'en qualité de traité fort intéressant sur l'économie rurale. Ses chapitres sont les suivants:

1. Nature du crédit foncier et agricole.
2. Évaluation des biens-fonds ou terres.
3. Classification normale des terres.
4. Classification normale du sol.
5. Dotation normale du sol d'un capital.
6. Engraissement normal du sol.
7. Mouvement (en avant ou en arrière) de la force productive du sol depuis 1806.
8. Produit normal des différentes classes de qualité du sol.
9. Multiplicateur normal du chiffre de produit net pour trouver la valeur réelle (ou vénale) des terres.
10. Fixation des coéfficients normaux pour les classes de qualité, de dotation d'un capital, d'engraissement, du produit net du sol ou des terres.
11. Conditions du crédit foncier.
12. Dette foncière et son amortissement.

L'auteur, dans son traité, ne donne pas l'historique ou la statistique des titres surnommés, il exprime seulement, en développant le grand intérêt qui s'attache à ces sujets, le désir qu'un tel historique et une telle statistique soient entrepris par le Congrès.

IIIe Section.

Prix et salaires. Mouvement des marchandises dans les chemins de fer.

I.

Rapport de Section sur le chapitre des Prix et Salaires.

(Comparer la page 33 de l'Avant-Projet.)

Dans le rapport adressé à la Commission préparatoire nous avons expliqué d'une manière détaillée pourquoi la statistique des prix et salaires avait été portée à plusieurs reprises devant le Congrès de statistique. La Section partageant l'opinion que le Congrès n'a pas à s'occuper de l'histoire des prix, mais seulement de leur statistique, pense qu'avant tout il s'agit de répondre aux questions suivantes:

1. Les objets nommés dans le rapport, aux pages 37 et 38 sont-ils suffisants pour fournir un tableau exact des prix, à certaines périodes données? ou que leur manque-t-il? qu'y a-t-il de trop?

2. Quelles sont depuis longtemps les meilleures sources de renseignements sur les prix courants des besoins physiques, les prix des fonds naturels, et du capital dans les divers pays?

3. Par quel moyen arrive-t-on à une statistique exacte des prix? Comment se procurer une garantie de ce que, dans la comparaison des salaires, le même travail soit pris en considération?

4. Ne peut-on s'en tenir à quelques branches d'industrie, tels que les chemins de fer ou les mines, pour obtenir une mesure exacte des prix du travail pour tous les métiers ou occupations?

5. La proposition de noter publiquement aussi régulièrement que sûrement le prix du travail, du moins pour les principaux métiers, comme cela a lieu pour les produits, marchandises et effets, est-elle praticable? Quelles conditions suppose-t-elle?

6. De quelle manière les notes isolées de prix doivent-elles être traitées, c. à d. élucidées, ordonnées, groupées et publiées, afin que la statistique des prix ne soit pas seulement un miroir fidèle, mais aussi une mesure exacte du bien-être de la nation et de son développement civilisateur?

Sans vouloir préjuger les résolutions du Congrès, la Section fait à ces questions les réponses suivantes:

Quelque juste que ce soit, lorsqu'on veut tenir note des prix, d'avoir égard à tous les besoins de la vie, il est absolument nécessaire, surtout lorsqu'il s'agit d'introduire de nouveaux renseignements statistiques, de réduire les notices à un petit nombre. Naturellement ces derniers seront d'un côté caractéristiques pour l'époque, et de l'autre aussi simples, et contrôlés, dans leurs chiffres de prix, que possible. On compte entr'autres:

1. **La nourriture:** le seigle, le froment, l'orge, l'avoine, l'épautre, le seigle blanc, le maïs (en réduisant la valeur nutritive de ces divers produits à celle du froment),

   Pommes de terre, pois, haricots,

   Viande de boeuf, de porc, de mouton; harengs,

   Beurre, fromage, œufs,

   Bierre, vin, café, thé.

2. **Vêtement:** Provisoirement il n'y a encore aucun prix à noter pour les articles de cette catégorie, à l'exception des matières premières: laine et coton.

3. **Logement:** Les prix en seront livrés par la statistique des bâtiments. (v. II. Section du Congrès. Propriété foncière.)

4. **Instruction publique:** Prix d'école dans les écoles populaires.

5. **Affaires sanitaires et assurance de l'existence pour la vieillesse:** Les prix de l'un et de l'autre seront tirés des documents sur les caisses de secours des malades et les caisses d'assurance pour les vieillards.

6. **Prix des fonds naturels:** Comme on ne peut établir pour les biens-fonds de ville ou de campagne aucuns biens-fonds normaux, il est difficile de se renseigner sur leurs prix. Les vrais prix ressortiront au contraire, d'abord des moyennes prises en gros, qui seront dues aux travaux de la section pour la propriété foncière et pourront être employées avec avantage comme complément de la statistique des prix.

7. **Force hydraulique, vapeur:** Autant que les frais en pourront-être régulièrement notés, par exemple ceux de la force de vapeur dans les locomotives, ils devront prendre place dans la statistique des prix.

8. **Matières premières:** Fer, acier, cuivre, zink, étain, plomb sont les articles dont il sera question dans cette rubrique et dont les prix et le mouvement des prix seront suffisamment connus par les notices prises publiquement.

9. **Capital et crédit:** Les prix en seront régulièrement empruntés aux bulletins de Bourse.

Quant aux salaires, il est sans doute à recommander d'avoir tout d'abord égard à ceux d'une branche d'industrie aussi importante que les chemins de fer. Cette proposition est appuyée 1. par le fait que les chemins de fer mettent en activité toute espèce de forces et les salarient; 2. parce que la spécification des traitements et des salaires y a atteint le plus haut degré de perfection et de sûreté, et 3. parce que les salaires pour la même catégorie de travaux sont plus faciles à noter à cause de l'identité des travaux que dans toute autre industrie.

Dans la statistique des chemins de fer allemands, publiée par la société des administrations des chemins de fer allemands, on trouve tous les trois ans, des données très-instructives sur les traitements et les salaires de ces voies ferrées. L'avantage de ces données est qu'elles s'étendent des occupations les plus basses jusqu'aux plus élevées, y compris celles des journaliers que ces chemins de fer occupent. Nous avons pris la peine de grouper les traitements et les salaires, pour les années 1850 et 1860, en groupes déterminés, comme suit:

Fonctionnaires et Employés.	1 8 5 0			1 8 6 0		
	Nombre.	Somme du Traitement. *Thlr*	Ainsi par tête. *Thlr*	Nombre.	Somme du Traitement. *Thlr*	Ainsi par tête. *Thlr*
I. Administration du chemin de fer.						
A. Direction supérieure	141	88 408	627	354	228 444	645
B. Inspection spéciale	10 375	1.594 404	154	20 040	3.634 619	181
C. Administration des stations	772	225 996	292	3 181	952 827	300
D. Télégraphie	94	29 658	315	530	162 804	307
E. Administration du matériel	100	27 023	270	329	125 242	381
Somme I.	11 482	1.965 489	171	24 434	5.103 936	209
II. Administration du transport.						
A. Direction supérieure	17	21 885	1 287	181	201 429	1 113
B. Service exécutif d'exploitation	3 902	1.189 751	305	12 991	4.152 099	320
C. Administration des machines et des voitures	276	152 206	551	1 516	676 533	446
Somme II.	4 195	1.363 842	325	14 688	5.030 061	342
III. Administration générale.						
A. Bureau central	330	195 148	591	920	495 783	538
B. Bureau de contrôle	135	63 523	470	690	320 465	464
C. Caisse centrale	119	76 502	642	373	228 911	614
D. Administration du Dépôt	10	3 888	388	36	18 642	518
E. Autres Employés	18	7 503	417	159	68 944	434
Somme III.	612	346 564	566	2 178	1.132 745	520
IV. Autres branches d'administration, telles que fabrique de coaks etc...........................	10	3 030	303	51	19 795	388
Somme IV. per se.						

Les main-d'œuvres payées aux manœuvres ne sont pas comprises dans les sommes ci-dessus nommées.

Abstraction faite de l'augmentation du personnel et des traitements et salaires des chemins de fer dans l'intervalle de 10 ans, la comparaison des moyennes de traitement d'un seul employé, en 1850, avec celles de 1860, démontre que pendant ces dix ans le prix du travail, représenté par les traitements et salaires, a augmenté de 20%, fait qui n'est certainement point en contradiction avec les expériences que chacun peut faire en petit.

Le réseau de la société des administrations des chemins de fer allemands comprend à l'heure qu'il est 2 500 milles (à 7500 kilom.) sur 63 voies ferrées. De jour en jour la statistique de ces voies s'est perfectionnée. Si l'on compare les publications de l'année 1850 avec celles de 1860, on y constate les progrès les plus réjouissants au point de vue statistique. Mais pour savoir jusqu'à quels détails on pousse la statistique des traitements et salaires, il faut lire les tableaux spéciaux qui concernent les divers employés et ouvriers de chemins de fer.

I. Administration des lignes.

Fonctionnaires et Employés.	Nombre.	Somme du Traitement. *Thlr*	Ainsi par tête. *Thlr*
A. Direction supérieure.			
Ingénieurs supérieurs	62	100 601	1 623
Assistants et expéditeurs	98	49 930	509
Calculateurs	46	22 320	485
Registrateurs et secrétaires	99	37 083	375
Messagers	23	6 811	296
Autres employés (dessinateurs etc.)	26	11 699	450
Somme I. A......	**354**	**228 444**	**645**
B. Inspection spéciale.			
Ingénieurs de section	180	161 251	896
Assistants et secrétaires........	408	246 548	604
Inspecteurs de la voie	1 055	349 747	332
Cantonniers	12 573	1.938 662	154
Adjoints des cantonniers	2 148	288 825	134
Gardiens de gare	3 555	606 793	171
Autres employés (gardes de ponts, de grues, architectes etc.)	121	42 793	354
Somme I. B......	**20 040**	**3.634 619**	**181**
C. Administration des stations.			
Directeurs des grandes stations (inspecteurs des gares etc.) ...	473	277 270	586
Assistants	493	183 194	372
Directeurs des petites stations et gares	416	161 992	389
Gardiens de station..............	323	87 547	271
Gardiens de perron..............	245	44 947	183
Portiers	320	63 077	197
Gardes de nuit	842	121 828	145
Autres employés (gardes de portes, huissiers etc.)	69	12 972	188
Somme I. C......	**3 181**	**952 827**	**300**
D. Télégraphie.			
Inspecteurs de télégraphes.......	42	23 483	559
Télégraphistes	408	120 122	294
Autres employés (assistants, gardiens etc.).	80	19 199	240
Somme I. D......	**530**	**162 804**	**307**
E. Administration des magasins.			
Administrateurs des matériaux et magasins	74	39 448	533
Assistants et secrétaires..........	142	53 127	374
Autres employés	113	32 667	289
Somme I. E......	**329**	**125 242**	**381**
Somme I. A. — E......	**24 434**	**5.103 936**	**209**
F. Travaux à la journée.			par jour *Sgr*
Travaux exécutés par des journaliers pendant une durée moyenne de 11 heures par jour	Journées. 4.347 263	1.741 118	12
Somme totale I......	.	6.845 054	.

II. Administration du mouvement.

Fonctionnaires et Employés.	Nombre.	Somme du Traitement. *Thlr*	Ainsi par tête. *Thlr*
A. Direction supérieure.			
Directeurs etc.	27	68 947	2 554
Inspecteurs	34	44 682	1 314
Contrôleurs	55	51 605	938
Autres employés	65	36 195	557
Somme II. A......	**181**	**201 429**	**1 113**
B. Service du mouvement.			
Conducteurs de machines locomotives..............................	1 873	881 727	471
Chauffeurs	1 913	518 130	271
Conducteurs de trains	668	232 940	349
Maîtres d'emballage	562	175 647	313
Conducteurs	2 415	590 776	245
Gardes-freins	960	190 274	198
Gardes de waggons (graisseurs de roues)	479	113 984	238
Billeteurs	508	245 040	482
Expéditeurs de bagages...........	180	69 854	388
Peseurs	130	25 436	196
Intendants des bagages..........	49	46 137	942
Caissiers, comptoristes etc........	130	84 017	646
Expéditeurs......................	683	322 019	471
Assistants	963	284 755	296
Chargeurs.......................	166	47 956	289
Inspecteurs du chargement et des poids	383	98 178	256
Messagers.......................	235	53 639	228
Autres employés:			
a) Porteurs de bagages etc....	473	114 556	242
b) Assistants etc.................	221	57 034	258
Somme II. B......	**12 991**	**4.152 099**	**320**
C. Administrations des machines, des waggons et du matériel.			
Machinistes supérieurs	121	141 351	1 168
Dessinateurs	107	50 172	469
Teneurs de livres etc.	316	135 757	430
Maîtres-ouvriers	275	150 989	549
Gardes de machines, nettoyeurs .	223	58 354	262
Vaguemestres, conducteurs d'équipages etc.	204	67 202	329
Autres employés:			
a) Intendants, nettoyeurs etc...	185	54 265	293
b) Contrôleurs, gardiens etc....	85	18 443	217
Somme II. C......	**1 516**	**676 533**	**446**
Somme II. A. — C......	**14 688**	**5.030 061**	**342**
D. Travaux à la journée.			par jour *Sgr*
Travaux exécutés par des journaliers pendant une durée de 12 à 11 heures par jour	Journées. 6.153 323	3.391 551	17
Somme totale II......	.	8.421 612	.

Fonctionnaires et Employés.	Nombre.	Somme du Traitement. *Thlr*	Ainsi par tête. *Thlr*	Fonctionnaires et Employés.	Nombre.	Somme du Traitement. *Thlr*	Ainsi par tête. *Thlr*
III. Administration générale.				E. Autres employés.			
A. Bureau central.				Syndics	13	12 065	928
Chefs de bureau, secrétaires généraux etc.	59	78 342	1 328	Imprimeurs.......................	48	12 080	252
Secrétaires, expéditeurs, assistants etc.	111	67 216	606	Timbreurs de billets	19	5 575	293
Registrateurs etc..................	114	56 853	499	Autres employés (administrateurs des plans etc.)	79	39 224	497
Secrétaires de la chancellerie.....	195	64 513	331	Somme III. E......	159	68 944	434
Huissiers de bureau	138	34 251	248				
Autres employés, statisticiens etc..	303	194 608	642	Somme totale III......	2 178	1.132 745	520
Somme III. A......	920	495 783	538	**IV. Autres branches d'administration, fabrication de coaks etc.**			
B. Bureaux de contrôle.				A. Employés.			
Directeurs	51	41 599	816	Directeurs, administrateurs etc...	19	9 179	483
Contrôleurs, réviseurs etc........	298	154 933	520	Autres employés	32	10 616	332
Assistants.......................	273	95 965	352	Somme IV. A......	51	19 795	388
Autres employés, réviseurs des comptes etc.	68	27 968	411	B. Travaux à la journée.			
Somme III. B......	690	320 465	464	Travaux exécutés par des journaliers pendant une durée moyenne environ de 12- resp. 11¾ heures par jour	Journées. 64 525	31 964	par jour *Sgr* 15
C. Caisse centrale.							
Comptables supérieurs	54	59 445	1 101	Somme totale IV......	.	51 759	.
Teneurs de livres	92	68 735	747				
Assistants et secrétaires..........	91	35 023	385	Somme totale I. — IV. non compris les journées	41 351	11.286 587	273
Huissiers	55	15 043	274				
Autres employés, caissiers etc. ..	81	50 665	625	Somme totale I. — IV. y compris les journées	.	16.451 170	.
Somme III. C......	373	228 911	614				
D. Administration des dépôts.							
Administrateurs du dépôt des billets	15	8 572	571				
» de la garderobe .	10	4 710	471				
» des archives	11	5 360	487				
Somme III. D......	36	18 642	518				

Il est bon de mentionner que les points de vue dont on est parti pour élaborer le plan et le calcul des traitements et salaires, ont été les suivants: Lorsqu'un employé remplissait plusieurs fonctions, il n'était indiqué comme touchant tout son traitement que pour sa fonction principale, et pour les autres on renvoyait aux premières indications. Les émoluments dont jouissent les employés à côté de leur traitement (tels que logement, vêtement, primes sur le trajet, sur l'économie du combustible etc.) sont tout d'abord comptés, à prix modéré, comme faisant partie du traitement, de sorte que, dans le tableau spécial des employés, ces sommes font partie des traitements indiqués.

Il ne sera pas difficile de tirer de l'excellente statistique des chemins de fer français, belges et hollandais et de celle qui a été récemment inaugurée en Angleterre, des indications assez exactes sur les traitements et salaires comparés du Continent européen.

Si donc l'on prend les traitements et salaires des chemins de fer comme point de départ pour arriver à ceux des autres industries, l'espérance d'obtenir au plus tôt une statistique du prix du travail de toute la terre habitée, n'est point du tout une chimère. D'après des sources françaises officielles, les chemins de fer occupaient à la fin de l'an 1860:

en Europe .... kilom. 79 886
dans l'Amérique du Nord . » 81 071
» » » Sud .. » 1 886
en Afrique................. » 1 287

en Asie ....:........ kilom. 7 460

en Australie................ .   310

Somme...... kilom. 171 880

Ainsi tous les chemins de fer de la terre réunis, formaient à la fin de 1860 près de 23 000 milles à 7500 kilom. La statistique des salaires dont nous avons parlé ne comprenait ainsi que la dixième partie de tous les chemins de fer de la terre. Dans le réseau européen, l'Allemagne, y compris la Prusse et l'Autriche, figure avec 20 439 kilomètres de chemins de fer; la France avec 15 366, la Grande Bretagne avec 20 552; nombres qui sont maintenant considérablement dépassés.

Si l'on fait la statistique des traitements et salaires des chemins de fer par pays, et dans l'intérieur des pays, par voies ferrées, on peut facilement en tirer les singularités caractéristiques des diverses contrées. Mais comme la main d'œuvre pour diverses fonctions fixes telles que celles de conducteur de locomotive, surveillance de la ligne, aiguilleurs etc. est partout identique, et ne peut produire un travail plus grand selon les capacités de l'individu, la différence qui existera entre les salaires attachés à ces fonctions ne pourra signifier autre chose qu'une différence de prix dans les vivres et autres moyens d'existence.

Rien n'empêche d'étendre aussi la statistique des traitements et salaires à d'autres grandes branches d'industrie; par exemple aux mines, aux usines, aux forges etc. qui sont aussi répandues sur le monde entier et sur lesquelles on a recueilli depuis longtemps des renseignements exacts.

Seulement les fonctions qui portent les mêmes noms ne désignent, ni dans les mines, ni dans les usines et forges, le même travail. Les mineurs et les fondeurs qui en formeraient le plus grand nombre, ont dans les différents cas les occupations les plus différentes. L'activité des inspecteurs (Steiger) diffère encore bien davantage. En aucun cas la statistique des mines et forges ne pourrait donner des résultats aussi simples et aussi précis que celle des chemins de fer.

Il est plus que vraisemblable que les diverses industries qui concourrent ensemble sur le marché universel ont, non seulement des conditions extérieures très-semblables en général, mais aussi en particulier. Par exemple, si dans la fabrication du drap en Angleterre les machines ou le combustible sont à meilleur marché, il est possible que les prix des matières premières, des salaires etc. y soient plus élevés, mais jamais ces différences ne seront assez grandes pour produire dans un pays des conditions d'existence très-supérieures à celles du pays qui lui fait concurrence. Dans ce cas là d'ailleurs la concurrence cesserait d'exister, comme il est facile de le prouver.

Une question que le Congrès aura à juger dans sa réunion internationale et sur laquelle il pourra le mieux répondre, c'est celle de savoir si la proposition de noter régulièrement et sûrement dans les Bourses industrielles, le prix du travail, du moins pour les principales industries, ainsi que cela a lieu depuis longtemps pour le prix des matières premières, des produits et des marchandises, si cette proposition, disons-nous, serait praticable. Il n'y a pas de doute qu'une comparaison des salaires des occupations analogues, dans toutes les Bourses industrielles importantes, serait un des travaux les plus intéressants que la statistique pourrait offrir à l'industrie comme au commerce.

En conséquence, la Section soumet au Congrès les propositions suivantes.

1. Ce dont le Congrès a principalement à s'occuper c'est de la statistique des prix et salaires, et non de leur historique.
2. La statistique des prix (à part celle du prix du travail) n'a à s'étendre que sur les objets énumérés de 1 à 9. On empruntera l'indication des prix aux meilleures sources, selon l'appréciation de chacun.
3. La statistique des prix du travail, c'est-à-dire des traitements et salaires pourra se restreindre provisoirement aux prix adoptés dans les chemins de fer. Le Congrès voudra bien aviser à ce que ces administrations apportent régulièrement à la connaissance du public toutes les données possibles sur les prix et salaires.
4. La proposition de noter les prix du travail dans les Bourses est recommandée à l'examen du Congrès.

Berlin.

Le rapporteur:

Dr. Engel.

II.

Rapport de la IIIe Section

sur

le Mouvement des Marchandises dans les Chemins de fer.

Depuis la fondation des chemins de fer, l'échange des marchandises et la circulation commerciale des différentes nations entr'elles a pris une impulsion et une étendue qui ont dépassé l'attente la plus audacieuse, car le transport des marchandises sur le moindre chemin de fer se monte toujours à des millions de quintaux *). Ces faits joints à la haute importance économique du commerce international ont déjà engagé les Congrès statistiques antérieurs, à diriger leur attention sur le transport des marchandises par les chemins de fer et à examiner comment ces moyens de transport, qui établissent de si vastes communications entre les producteurs et les consommateurs, peuvent servir à l'observation statistique de la production et de la consommation des divers pays, de leurs besoins et du trop plein de leurs produits, ainsi que du grand parcours des marchandises.

Les formulaires proposés, dans les Congrès antérieurs, pour la fixation de ces notices statistiques sont, il est vrai, en partie mis en pratique, mais ils sont loin, ainsi que l'expérience l'a démontré, d'épuiser le sujet et ne suffisent pas pour donner une idée claire du mouvement des marchandises sur les chemins de fer.

A l'heure qu'il est, ce qui ressort de la statistique des chemins de fer des divers pays, ce sont les sommes annuelles des marchandises transportées.

Celles-ci sont divisées en

1. Marchandises à grande vitesse,
2. Marchandises de poste,
3. Marchandises de roulage de la classe normale et de la classe moyenne.

On excepte de ces dernières, pour les porter à part: le charbon de terre et le coaks.

Ensuite on distingue entre les marchandises circulant à l'intérieur, et les marchandises de train direct (C'est-à-dire les marchandises circulant entre les deux extrémités d'une seule voie, et celles qui en parcourent plusieurs.)

Par une pareille inscription sommaire du transport de marchandises, on ne constate guère autre chose que l'action de chaque chemin de fer dans ce domaine. Au point de vue des chemins de fer, cela peut suffire, mais non au point de vue scientifique et à celui de l'économie politique.

Aussi considérerions nous comme un grand avantage de la statistique des chemins de fer et comme un très-grand progrès de leur part, que l'administration des chemins de fer pût prendre note des articles de commerce les plus importants, tels que

---

*) Les données suivantes ne manqueront pas d'intéresser:

La circulation des personnes entre Dresde et Leipzig se montait, d'après les sources officielles, en 1834, à environ: 10 000 personnes voyageant en poste et 34 800 voyageant d'une autre manière, en tout: 44 800 personnes. La circulation directe des marchandises était estimée à 398 500 quintaux (ainsi 6.176 750 Meilen Centner. (C'est ce qu'on appelle un Meilen Centner, ce sont 50 kilogrammes tranportés une lieu de 7500 kilomètres.) En réalité on transportait en une année: 689 026 quintaux (soit 6.885 669 Meilen Centner). Ces 398 500 quintaux se sont accrus en 1862 jusqu'à 1.287 117 quintaux (environ 114 millions de Meilen Centner) et le nombre des personnes est monté de 34 800 à 1.046 220. — Un mouvement semblable a eu lieu sur le chemin de fer de Magdebourg à Leipzig. D'après une lettre d'une maison de commerce très-honorée et très-compétente de Leipzig, de 1829, on estimait alors les marchandises venant de Magdebourg à Leipzig et passant à la douane, à environ 100 000 quintaux, les marchandises franches de droits à environ 50 000 quintaux, et celles de Leipzig à Magdebourg à environ 100 000 quintaux. On compta sur un surplus, c'est-à-dire sur 600 000 quintaux, en bâtissant l'embarcadère. Le 1er novembre 1840, le transport des marchandises commença sur toute la ligne et en 1841, 570 815 quintaux furent transportés; en 1861, 13.339 776 et en 1862. 15.149 289 quintaux. La Rédaction.

1. la voie, à laquelle l'article a été remis,
2. la direction dans laquelle il doit être expédié,
3. les voies qui ont exécuté le transport ultérieur, et
4. celles où l'article a été remis au destinataire ou à un autre établissement de transport (p ex. à un vaisseau ou bateau).

La question difficile est de savoir quels articles doivent tout d'abord être soumis à une enquête statistique exacte de leur mouvement sur les chemins de fer.

Sur les 88 millions de quintaux transportés en 1861 sur le réseau de 350,59 milles comprenant les voies des provinces de Silésie, de Posen, de Poméranie, de Prusse et de Brandebourg, on trouve sur le ½ million de quintaux les articles suivants:

	Quintaux.		Quintaux.
Charbon de terre	29.931 845	Coton, brut	670 813
Produits des champs et des jardins	18.571 594	Charbon	631 836
Fer et acier, marchandises de fer et d'acier	4.653 160	Sucre brut et raffiné	607 777
Bois et marchandises de bois	4.077 846	Laine animale	602 410
Pierres, terres, ciment	3.272 768	Harengs.	598 735
Chaux et cendre de chaux	2.497 913	Peaux, cuirs, pelisses	583 046
Marchandises manufacturées	1.810 080	Huile	566 450
Produits des moulins	1.759 200	Café	563 378
Zink.	1.396 189	Gateau d'huile et farine d'huile	517 344
Esprit de vin et spiritueux	1.276 628	Machines et fragments de machines	503 687
Fil (de coton, de lin et de laine)	903 508	Chiffons.	502 464
Drogues, marchandises pharmaceutiques, chimiques et de teinture	879 212		

Ensuite viennent: le coaks pour 428 562 quintaux, le lin, le chanvre, l'étoupe, pour 428 922, le tabac et les objets fabriqués avec le tabac pour 408 874, et le vin pour 358 436 quintaux.

Parmi ces articles il faudrait choisir ceux qui devraient être plus spécialement examinés et ne pas oublier que la liste qui précède n'est applicable qu'à la contrée particulière et non à tous les pays.

On aura aussi égard dans le choix qu'on en fera, à la question si l'article dont on s'occupe est un objet de circulation locale ou de commerce universel. Quelques articles ne peuvent, à cause de leurs propriétés et de leur cherté, parcourir de grandes distances. Il s'agit donc de savoir si l'on ne devrait pas d'emblée les exclure de la statistique du mouvement de marchandises.

Les avantages d'un pareil registre sont assez clairs pour n'avoir pas besoin d'être motivés. Nous rappellerons seulement à ce propos la carte publiée par le Ministre du commerce de Prusse sur la production et la consommation du charbon dans les États prussiens, en 1860, et une carte analogue publiée en France. Sans prendre part à la science économique, le premier venu pourra se convaincre, en jetan un coup d'œil sur ces cartes, avec quelle exactitude ont été notés l'origine, le mouvement, et le lieu de consommation du charbon.

Quelques-uns des articles de commerce mentionnés plus haut (p. ex. le blé, le coton, le fer etc.) n'offriraient probablement pas moins d'intérêt, si leur circulation ou mouvement sur les chemins de fer pouvait être noté d'une manière analogue.

Dans l'administration des chemins de fer de Berlin-Stettin, de la Basse-Silésie-Marche, de l'Est prussien, de la Haute-Silésie (et Stargard-Posen) de tronçons de la Basse-Silésie, de Breslau-Schweidnitz-Freiburger, Neisse-Brieger, de Oppeln-Tarnowitz et du chemin de fer de Wilhelm, on tient, depuis le 1er janvier 1861, des registres, d'après un certain plan, joint au rapport annuel de ces voies ferrées, et d'après lequel on fait ressortir le nombre de quintaux de chaque article transporté. Le mouvement intérieur y est séparé de la circulation directe. Dans le premier, est indiqué l'envoi de la marchandise d'une station à l'autre, et quant aux tronçons, ils sont indiqués isolément. De cette manière on a toujours la direction prise par la marchandise.

Le rapport annuel des chemins de fer du Rhin contient des notes par ordre alphabétique, analogues, mais encore plus détaillées, des marchandises qui y sont transportées.

Ainsi donc il existe déjà des matériaux tels que la statistique économique peut les souhaiter, et qui, s'ils existaient pour tous les chemins de fer, contiendraient tout ce qu'on peut exiger d'une représentation pratique de chaque article de commerce dans le sens indiqué plus haut (et d'après le modèle des cartes de la production du charbon).

L'association des administrations des chemins de fer allemands, reconnaissant les avantages d'une statistique des marchandises bien organisée, a présenté, dans l'Assemblée générale d'Amsterdam, en juillet 1862, un tableau de marchandises, consistant en 33 rubriques principales et en diverses subdivisions, et l'a recommandé à toutes les administrations de chemins de fer faisant partie de l'association, pour les résumés statistiques qui accompagnent leurs rapports annuels, et en indiquant de quelle manière l'inscription des marchandises livrées à chaque chemin de fer, devait avoir lieu.

Cette résolution a d'autant plus d'importance que la société qui l'a prise commande sur un territoire de 2 500 milles, et nous n'avons plus qu'à souhaiter que ces mesures soient mises le plus tôt possible en pratique par toutes les administrations.

En même temps n'ous ne pouvons omettre le vœu que l'association des chemins de fer allemands, en publiant ces tableaux de marchandises, ne s'en tienne pas seulement à leurs rapports annuels, mais fasse encore un pas de plus, et accorde un chapitre à part sur le mouvement des marchandises dans les chemins de fer, à la statistique des chemins de fer allemands, mais qu'au lieu d'y noter tous les articles indiqués par le tableau de marchandises proposé à Amsterdam, ils s'en tiennent aux espèces principales d'article de commerce qui seront à spécifier.

L'inscription de la direction est un facteur des plus importants de la description statistique du mouvement des marchandises, surtout lorsqu'un envoi a passé par diverses voies ferrées. Il sera difficile de trouver des expressions applicables aux directions contraires d'un chemin de fer, depuis son commencement jusqu'à sa fin et vice versa, ainsi que pour les deux directions d'un fleuve on emploie celles de «en amont» et «en aval», car les termes de tour et retour, de direction septentrionale, orientale, méridionale et occidentale, sont plus ou moins inexacts et facile à confondre. Comme dans chaque chemin de fer, dont on peut fixer le commencement et la fin, tout plan de route, tout tarif ou autre avis, commence régulièrement par la première station, et que dans les statistiques des chemins de fer on note aussi le commencement et la fin de la voie, nous proposerions jusqu'à ce qu'on ait découvert des désignations plus significatives, de donner aux deux directions d'un chemin les désignations suivantes: vers la fin, vers la tête de la voie.

Sur les embranchements, le point de jonction à la voie principale serait considéré comme la tête ou le commencement de la voie.

Sur les cartes de chemins de fer, le cours d'une voie serait désigné par des flèches placées les unes à la suite des autres et dont la pointe serait tournée du côté de la fin de la voie.

Ainsi que nous l'avons rappelé au début de ce rapport, on distingue ordinairement, dans les statistiques des chemins de fer, entre le transport intérieur et le transport direct. Mais l'inscription des marchandises faite de cette manière a l'inconvénient qu'une addition des marchandises transportées sur tous les chemins de fer par transport intérieur ou direct donne une somme bien supérieure à celle des marchandises réellement transportées, et cela parce que les marchandises transportées directement ont été inscrites à chaque nouvelle ligne qu'elles ont rencontrée.

Ces doubles emplois et les erreurs qui en résultent pourraient être évités, même dans un réseau très-compliqué de voies ferrées, si les relevés avaient lieu de la manière suivante:

a) (Marchandises) livrées au transport intérieur.

Envois qui commencent et finissent entre les deux points extrêmes d'une ligne.

b) — livrées au transport direct (en indiquant la voie).

Livrées par l'expéditeur à sa propre station et destinées à la station d'un chemin de fer étranger.

c) — arrivées par transport direct (en indiquant la voie).

Envois de chemins de fer étrangers à la station d'un chemin de fer national pour être livrés au destinataire.

d) — envoyées en transit.

Envois qui sont reçus à l'une des extrémités d'une ligne et transportés tels quels à l'autre extrémité.

7 *

Afin de pouvoir poursuivre la direction du colis, il serait nécessaire de partager chacune de ces quatre rubriques et de mentionner à part les quantités transportées dans chaque direction de la voie.

La méthode d'observation ici proposée a de plus l'avantage que l'addition des rubriques a. et b. donne le nombre de quintaux de marchandises qui ont été réellement transportés sur un grand nombre de voies (par exemple, sur celles de l'association allemande des chemins de fer), tandis que l'addition des sommes intermédiaires a—d. donne pour chaque chemin de fer, le poids des marchandises qui y ont été transportées dans un temps donné.

Lorsque les colis, qui n'ont pas été expédiés directement de la station de départ à la station d'arrivée mais qui, à chaque nouvelle ligne qu'ils ont parcourue, ont été de nouveau enregistrés comme livrés au moment même, ne peuvent être facilement contrôlés, pas plus que ceux qui sont expédiés «de ligne en ligne», dans ce cas les sommes totales des rubriques en question, a et b, qui embrassent tout un réseau, donneront un nombre de quintaux supérieur au chiffre réel des marchandises transportées. Si la différence qui en résulte n'est en effet que de quelques fractions sur les millions de quintaux de la somme totale, nous avons néanmoins cru devoir la faire remarquer; car, à notre avis, il faudrait, pour pouvoir comparer la circulation commerciale ou le transport de marchandises des divers pays entr'eux, en faire le relevé statistique comme si tous les chemins de fer d'un pays appartenaient à un seul entrepreneur et étaient soumis à la même administration. Toutes les stations de ces chemins de fer devraient alors être entr'elles dans les mêmes rapports que le sont maintenant les stations d'un seul chemin de fer ou d'une compagnie.

Dès que des notices exactes sur le mouvement des marchandises sur les chemins de fer auront pu être recueillies, il faudrait ensuite se demander quel est le meilleur moyen et le plus efficace d'en faire la publication au point de vue de l'économie politique.

La Section est d'avis que de pareilles notices statistiques, si elles sont livrées aussi complètes et aussi vastes qu'on le désire, et si la statistique des chemins de fer atteignait la perfection dans le sens indiqué, pourrait remplacer une statistique du commerce et de la circulation internationale ou du moins lui livrer les plus excellents matériaux.

Une représentation graphique de quelques-uns des principaux articles de transport sur les chemins pe fer, dont nous avons constaté le grand intérêt au commencement de ce rapport, pourrait être exécutée sans difficulté (sur le modèle de la carte de la production et de la consommation du charbon en Prusse), si l'on possédait d'abord toutes les notices statistiques nécessaires de tous les chemins de fer intéressés. Il serait bon de joindre à chaque article une carte particulière, et de donner à chaque carte une couleur différente.

Si maintenant le transport par terre est exécuté en grande partie par les chemins de fer, il ne faut pas oublier que le transport par eau par les fleuves, les canaux, les lacs et les mers forme un facteur important de la circulation générale. La tâche de la statistique est d'établir une liaison organique entre ces deux moyens de transport.

L'avis de la Section serait de travailler le plus possible à la solution de cette tâche, si la nomenclature de marchandises adoptée dans sa dernière assemblée générale, par l'association allemande des chemins de fer, était aussi adaptée au transport par eau, afin que dans les résultats statistiques le même article soit toujours rédigé de la même manière, et qu'on évite ainsi des confusions et des doubles emplois:

La Section propose au Congrès:

a) de déclarer qu'il adopte les propositions qui précèdent sur le relevé statistique du mouvement des marchandises sur les chemins de fer;

b) de s'occuper de l'établissement et de la mise en pratique d'une nomenclature uniforme et internationale des marchandises.

Berlin.   Fait d'office par

Volz,

Chef de Bureau de la Société des administrations
des chemins de fer allemands.

IV. Section.

Statistique comparée de la Santé et de la Mortalité dans la Population civile et militaire.

I. Vitalité et Mortalité de la Population civile.

Résolutions

adoptées par la Section.

1. Pour calculer l'état de santé et de maladie d'une population, il est nécessaire que la statistique poursuive chaque individu à travers toutes les phases de son existence, depuis sa naissance jusqu'à sa mort.

2. En conséquence on contribuerait considérablement à diminuer l'étendue de ce travail, en limitant la représentation statistique de la santé et de la maladie aux périodes les plus saillantes de la vie humaine, ainsi que la Section croit pouvoir les désigner, savoir:

a. la naissance et l'âge du lait (des enfants à la mamelle), comprenant l'espace qui s'étend de la naissance à l'accomplissement de la première année;

b. la première enfance, ou le temps écoulé depuis la première année jusqu'à l'entrée à l'école. (En Prusse par ex. la sixième année.)

c. l'âge de l'école, c'est-à-dire, de six ans à quatorze;

d. la période de la puberté, soit de la maturité du corps, et de la préparation à une profession, environ de quatorze à vingt ans;

e. comme période intermédiaire, pour une partie seulement de la population masculine: l'âge des obligations militaires;

f. comme période principale: celle du travail, et de la fondation de la famille, environ de 20 à 60 ans;

g. la période sénile, environ de 60 ans jusqu'à la mort.

h. la mort qui, cela s'entend, peut mettre un terme à la vie humaine dans chacune de ses périodes.

3. La Section a examiné si ce qui a été exécuté jusqu'à présent par le Congrès dans le domaine de la statistique de la santé et de la maladie, suffit pour fournir un matériel comparatif des périodes qui précèdent, dans tous les pays. Mais tout en tenant compte des travaux antérieurs, elle s'est prononcée sur ce point négativement, a reconnu qu'au contraire ce matériel avait besoin d'être augmenté et a décidé en conséquence de présenter au Congrès, sous forme de vœux, les résolutions suivantes:

a. Les établissements d'accouchement, d'enfants trouvés, les crèches, en outre les maisons d'orphelins, les institutions de santé, ainsi que les médecins préposés en traitement des pauvres, doivent être tenus de noter régulièrement et de publier des observations aussi exactes et aussi complètes que possible, d'un côté sur les naissances, de l'autre sur les maladies, la mort et les causes de mort des enfants des périodes désignées sous les §. *a.* et *b.*

b. On engagera toutes les écoles publiques et privées à présenter annuellement une description complète de leur local (en tant qu'il est destiné à l'usage des écoliers et écolières), en y ajoutant des détails sur la situation, l'espace, la ventilation, le chauffage, et l'éclairage, et la désignation du nombre des maîtres et des écoliers, des heures de leçons par jour, des leçons de gymnastique et d'autres exercices, des vacances etc. (ainsi que cela a été décidé au Congrès de Vienne).

c. Là où, comme en Allemagne, on est arrivé à dresser une statistique parfaitement complète des sociétés de gymnastique et de la gymnastique en général, il serait bon de joindre aux relevés sur la force et les résultats de cet art, des notices de statistique hygiénique en général; et, vu la haute importance de la matière, il est tout particulièrement à souhaiter que de tous côtés on prête un appui énergique aux efforts statistiques des sociétés de gymnastique.

S'il existe dans d'autres pays des sociétés analogues pour le développement de la force, de l'adresse corporelle, telles par ex. qu'en Angleterre les Yacht-Clubs, les corps de Riflemen et de Volunteers, en Suisse les sociétés de carabiniers, les fêtes de lutteurs etc., il est aussi à souhaiter que ces sociétés fournissent des notes statistiques sur leur action et leurs résultats.

d. Les Gouvernements voudront bien aussi aviser à ce que l'examen corporel des hommes tenus au service militaire soit relevé de sorte que les résultats de cet examen puissent être considérés comme un miroir fidèle de la constitution physique de la nation.

NB. On verra d'après le IIe rapport de la IVe Section quelles dispositions il y aura à prendre pour la statistique du recrutement afin qu'elle réalise le but désigné.

e. Afin d'obtenir des données suffisantes et comparables sur l'état de santé et de maladie des personnes comprises dans la période du travail, le Congrès fera en sorte que, outre les données qu'il a formulées sur les accidents, celles qui seront prises sur les maladies et la guérison auprès des nombreuses caisses de secours, ou institutions d'assurance contre les maladies, le soient dans le même plan.

NB. La Ve Section du Congrès, pour les Assurances, aura à s'occuper de cette tâche.

f. Afin d'obtenir des renseignements exacts sur la période de sénilité, notamment sur son entrée et sur sa durée, le Congrès fournira les moyens de recueillir d'après un plan uniforme, les données nombreuses de l'expérience sur ce domaine.

NB. Cette tâche incombe à la Ve Section du Congrès.

g. En tant que les expériences recueillies toujours en plus grand nombre dans les sociétés d'assurance sur la vie, sur la mort et les causes de mort des assurés peuvent être considérées comme les plus précieuses et les plus exactes, le Congrès usera de son influence pour amener les notices des sociétés d'assurance sur la vie à suivre un plan uniforme qui permette d'établir une comparaison de mortalité, d'après le sexe, l'âge, la vocation, l'occupation etc. entre les moyennes de la vie dans les différentes nations.

NB. Cette tâche est du domaine de la Ve Section du Congrès.

4. La Section est d'avis qu'à côté des relevés spéciaux, d'après l'âge, de l'état de santé et de maladie de la population dans ses diverses périodes, on ne peut se passer ni de recensements périodiques et faits avec soin, ni de notices exactes sur le mouvement de la population. La Commission exprime au contraire le vœu que les recensements, ainsi que l'enregistrement des cas de mort s'étendent en tous cas à l'âge respectif des vivants et des décédés, par indication des années de naissance de ces individus, attendu que par ce moyen seulement on peut arriver à recueillir le matériel nécessaire pour les tables de mortalité et pour les informations importantes au point de vue de l'économie politique sur les »années de vie« et les »années de mort.«

NB. Nous entendons par années de vie d'une population le nombre total des années de tous les individus faisant partie d'une population comptée à un jour donnée. — Par contre nous appelons années de mort d'une population, le nombre total des années qu'ont vécu les individus de la population jusqu'à leur mort, dans l'année du recensement.

Berlin.

Le rapporteur:

Dr. Engel.

Rapport de Section
sur la
Statistique du Recrutement.

L'immense difficulté d'obtenir des données biographiques précises pour des classes entières de la population, d'après l'âge, ne se laisse vaincre nulle part aussi facilement, à part l'âge d'entrer à l'école, que pour les classes qui, dans la plupart des États civilisés, sont tenues au service militaire. C'est surtout le cas dans les pays où règne la contrainte militaire ou du moins un système de conscription étendu.

En Prusse, la classe des hommes de 20 ans tenus annuellement au service militaire se monte actuellement à 213—217 000 hommes, c'est-à-dire environ la 40ᵉ partie de toute la population masculine. Déjà maintenant on tient toutes les années une note exacte de la taille ou de la santé de ce grand nombre d'hommes, mais la statistique n'en a guère jusqu'à présent tenu compte. En France il paraît régulièrement depuis 1816 des Comptes-rendus annuels sur le recrutement, et on en a tiré les résultats les plus importants pour la statistique comparée des divers départements. En Angleterre même où le système de recrutement est très-imparfait, la statistique s'est emparée de tout ce qu'elle a pu dans ce domaine.

De fait, il n'y a guère d'autre occasion d'obtenir des données aussi vastes et aussi sûres, si les Gouvernements prennent la peine de consacrer à ce but un personnel suffisant, s'ils accordent aux personnes compétentes, notamment aux médecins, l'influence qui leur appartient dans cette matière, et enfin si le besoin beaucoup trop fréquent chez les fonctionnaires de cacher leurs travaux, se trouve dominé par le sentiment élevé du bien public. L'exemple de la France et de l'Angleterre prouve que la plus entière publicité sur ce domaine, non seulement ne peut porter à l'administration aucun préjudice, mais qu'au contraire la discussion publique peut aider une administration bien pensente et dépourvue de préjugés à trouver les meilleurs moyens d'écarter les inconvénients découverts et mis à jour par la statistique scientifique.

Partout la classe appelée au service militaire représente la jeunesse de la nation arrivée à la virilité. Aussi doit-elle être, au point de vue physique, un miroir de la force corporelle de la nation entière, et il sera permis, non seulement de tirer de cet âge certains prognostics étendus sur l'avenir de la population, mais aussi pourra-t-on les étendre, jusqu'à une certaine limite, à la partie féminine de la population elle-même. Car une jeunesse faible annonce un âge mûr débile et une génération souffreteuse, dont la cause remonte nécessairement aux défauts des chefs de famille. En conséquence un gouvernement sage doit compter parmi ses devoirs les plus graves celui d'examiner avec soin cet état de choses dans l'intérêt de son peuple et de ne reculer devant aucun effort pour rendre la loi sur le recrutement utile non seulement à son but immédiat, au service de l'armée, mais aussi à un but plus vaste et plus élevé.

L'influence que la localité ou le genre d'occupation peut exercer sur la population, se laisse apprécier plus facilement par ce moyen que par une simple statistique de la mortalité. Toute une série de faits antérieurs échappe complètement aux tableaux de mortalité, parce que ces faits ne sont jamais ou très-rarement des causes de mortalité. Mais là aussi où les tableaux de mortalité rendent sûrement l'état morbide, la statistique du recrutement a le grand avantage de fournir, pour une époque relativement jeune de la vie, certains points de repère pour l'état sanitaire général, à une époque où une action salutaire peut encore être exercée. L'œil est attiré sur des affections qui peuvent être guéries; la génération souffrante elle-même peut encore être sauvée; elle n'a pas à faire, par sa mort et par une génération languissante, un sacrifice au bien-être de la postérité.

C'est pourquoi il paraît nécessaire d'exercer et de noter aussi soigneusement que possible la révision compétente des conscrits. Un peu plus de peine produit un résultat incomparablement plus favorable. Aussi est-il à souhaiter qu'on note non seulement la mesure de la taille, mais aussi le poids, ainsi que cela a lieu en Angleterre, et que le volume du thorax soit exactement précisé.

Sans doute il serait à souhaiter qu'on introduisît aussi la mesure de la force corporelle, parce qu'ainsi seulement l'état physique de la population trouverait sa véritable expression; mais il est nécessaire tout d'abord (et il le sera bien davantage lorsqu'on se sera pénétré de l'importance de pareilles recherches), de poser ainsi les premières bases de la statistique physiologique.

Les dispositions concernant les défauts ou maladies qui affranchissent et excluent du service militaire sont très-différentes dans les divers pays et il y a peu d'espérance de les amener à une formule uniforme. Mais ce qu'il faut du moins obtenir, c'est que les noms et la classification de ces maladies soient les mêmes, afin d'en rendre la comparaison possible. En particulier il est à souhaiter qu'on écarte absolument le terme vague de: autres maladies, et qu'on donne aux médecins la tâche de spécifier toutes les affections. Il est vrai qu'il n'existe sur ce point aucune classification qui corresponde absolument à celle des causes de mort, en tant qu'un grand nombre d'altérations pour la plupart fonctionnelles excluent du service militaire, sans jamais occasionner la mort. Mais on pourra établir une certaine harmonie, si l'on applique aux maladies proprement dites ces groupes, qui ont paru utiles pour la statistique de la mortalité, et si l'on dispose les autres affections, altérations ou défauts fonctionnels en divisions simples et générales qui soient propres en même temps à fournir un tableau de l'état physiologique de la nation.

Les tableaux ci-joints sont établis d'après ces points de vue. Il semble impossible de les simplifier sans perdre de vue le but. On pourrait au contraire leur souhaiter encore quelques augmentations, qui seraient faciles à adapter, par analogie, à ce qui existe déjà.

Enfin il faut particulièrement attirer l'attention sur ce point, c'est que pour l'appréciation des tableaux il sera toujours nécessaire, de faire tenir à l'autorité supérieure les listes originales afin qu'elle puisse les soumettre à une révision minutieuse. Cette autorité seule peut se mettre en possession d'organes permanents, qui fournissent la garantie, que l'établissement des tableaux a toujours eu lieu d'après les mêmes et d'après de bons principes. Elle seule a le pouvoir de reconnaître le besoin d'apporter des modifications aux listes et aux tableaux, et d'y procéder.

Resolutions.

1. Le Congrès reconnaît dans le recrutement (la conscription, le remplacement) une des occasions les plus importantes de recueillir des observations statistiques certaines sur l'état physique d'une grande fraction de la population masculine, observations non seulement utiles pour fixer par expérience les bases du recrutement, mais aussi pour fournir une appréciation sûre du bien-être de la population.

2. C'est pourquoi le Congrès recommande qu'on fasse recueillir et régulièrement publier, de la manière la plus exacte et la plus vaste, les relevés de l'état physique de toutes les personnes appelées au conseil de révision, y compris celles qui n'ont pas la taille requise et celles qui sont exemptées pour faiblesse de vue.

3. Le Congrès recommande, comme les points principaux de ces relevés, destinés aussi à remplir quelques rubriques des formulaires à établir (voir l'appendice), les suivants:
 a) La désignation du lieu de naissance, des occupations et de l'âge du conscrit,
 b) La désignation de la taille, de la circonférence du thorax et du poids.
 c) La désignation de l'état morbide ensuite duquel la dispense de service a eu lieu.
 d) La désignation des défauts corporels qui, malgré leur présence, n'ont point empêché le recrutement du sujet.

4. La Commission désignée est invitée à former d'après les listes de conscription des tableaux qui seront communiqués à l'autorité supérieure avec les doubles de la liste originale. Celle-ci présentera annuellement un rapport sur le recrutement, dans tout le ressort qui lui appartient.

5. Le rapport général, ainsi que les tableaux désignés embrassent les rubriques suivantes (voir les Appendices):
 A. Un catalogue de toutes les personnes admises à la conscription, d'après les circonscriptions et les classes (d'après l'âge) avec l'indication de leur aptitude, inaptitude, renvoi, et libération.
 B. Le même d'après les classes de vocation.

C. Un tableau de la taille (et autant que possible du poids et de la circonférence thoracique), d'après la circonscription, la classe et l'aptitude.

D. Le même d'après les classes de vocation.

E. Un tableau des résultats du relevé, par rapport aux défauts ou maladies des personnes jugées inaptes, et renvoyées, d'après la taille (si possible aussi d'après le poids et la circonférence thoracique).

F. Le même d'après les classes de vocation.

6. Les tableaux E. et F. seront dressés par les médecins employés au conseil de révision, d'après la classification des défauts et maladies que nous avons proposée, et seront envoyés avec le duplicata de la liste originale à l'autorité médicale. Celle-ci les examinera et en fera le résumé général auquel on joindra, d'après la liste des corps de troupes, toutes les personnes qui auront été renvoyées de l'armée dans les premiers six mois pour de semblables défauts ou maladies qu'ils n'auront pas contractés d'abord pendant leur temps de service. (Comparer le tableau E., rubrique 4.)

Berlin.

Le rapporteur:

Prof. Dr. Virchow.

Formulaires pour les tableaux
de la statistique du recrutement.

I. **Résultats de la révision dans les divers cercles de recrutement d'après la classification par âge.**

Colonne primaire:

Classes par âge: hommes nés 1) en 1846 et plus tard (NB. supposé le rapport du formulaire à l'an 1863); 2) en 1845; 3) en 1844; 4) en 1843; 5) en 1842; 6) en 1841; 7) en 1840; 8) en 1839; en 1838 et plus tôt*).

*) Chaque classe occupe une ligne.

Colonnes secondaires:

1) Nombre des hommes nés dans les années sus-nommées, sujets à la conscription en général.
2) Nombre de ceux qui ont passé à la révision.
3) Nombre de ceux trouvés propres au service.
4) Nombre de ceux hors d'état de servir pour cause d'infirmité ou de maladie.
5) Nombre de ceux renvoyés pour insuffisance de taille.
6) Nombre de ceux renvoyés pour cause d'infirmité.
7) Nombre des enrôlés.
8) Nombre de ceux exemptés par la réclamation, le sort ou le remplacement.

II. **Résultats de la révision dans les cercles de recrutement d'après la classification par profession.**

Colonne primaire:

Classes par professions: NB. Les professions nationales étant d'une haute importance, il ne conviendrait pas d'arranger un tableau international de ces classes, détaillé et uniforme. Groupes internationaux et généraux de professions: 1) agriculture et entretien du bétail; 2) industrie proprement dite; 3) commerce; 4) transport; 5) services personnels; 6) service de santé; 7) éducation et instruction (maîtres et écoliers obligés au service d'après leur âge); 8) arts et sciences, littérature, presse périodique; 9) culte divin; 10) administration des biens de la Maison régnante, de l'État, communale; 11) justice; 12) armée et marine de guerre; en outre: 13) hommes sans profession*).

*) Chaque classe occupe une ligne.

C'olonnes secondaires:
 Les mêmes qu'au-dessus sous I.

III. **Résultats de la révision dans les cercles de recrutement d'après la taille des conscrits.**

Colonne primaire:
 Classes par âge: Les mêmes qu'au-dessus: I.
Colonnes secondaires:
 A. Nombre des conscrits:
  1) au-dessous de 5 pieds prussiens (ou en mètres); 2) de 5 à 5½ pieds; 3) au-dessus de 5½ à 6 pieds; 4) au-dessus de 6 pieds.
 B. Nombre de ceux trouvés propres au service:
  5) au-dessous de 5 pieds; 6) de 5 à 5½ pieds; 7) au-dessus, de 5½ à 6 pieds; 8) au-dessus de 6 pieds.
 C. Nombre de ceux hors d'état de servir pour cause d'infirmité ou de maladie:
  9) au-dessous de 5 pieds; 10) de 5 à 5½ pieds; 11) au-dessus de 5½ à 6 pieds; 12) au-dessus de 6 pieds.
   NB. Des tableaux indiquant la mesure du thorax et le poids seraient à dresser précisément comme III à l'égard du contenu des colonnes primaires, et pour le contenu des colonnes secondaires analogue au IIIme tableau.

IV. **Résultats de la révision dans les cercles de recrutement d'après les professions et la taille des conscrits.**

Colonne primaire:
 Classes de profession: Les mêmes qu'au-dessus: II.
Colonnes secondaires:
 Classes d'après la taille: Les mêmes qu'au-dessus: III.

V. **Résultats de la révision dans les cercles de recrutement d'après les infirmités ou maladies qui sont reconnues comme causes de renvoi.**

Colonne primaire:
 Classification des maladies.*)
  I. Maladies d'infection.
  II. Intoxications.
  III. Parasites végétaux et animaux.
  IV. Fautes et déformations acquises.
  V. Fautes et déformations naturelles.
  VI. Hernies.
  VII. Dérangements du développement et de l'alimentation.
  VIII. Dérangements de la circulation du sang.
  IX. Dérangements des fonctions des organes.
  X. Maladies organiques.
Colonnes secondaires:
 Nombre des conscrits, c'est-à-dire:
  Nombre de ceux hors d'état de servir: 1) au-dessous de 5 pieds; 2) au-dessus de 5 pieds.

---

*) Le tableau VII. pourrait servir de modèle pour la classification des maladies dont celles nommées au-dessus indiquent seulement les groupes. Chaque maladie occuperait une ligne dans la colonne primaire et serait à désigner par un numéro.

Nombre de ceux propres au service: 3) au-dessous de 5 pieds; 4) au-dessus de 5 pieds.
Nombre de ceux congédiés pendant les premiers six mois du service: 5) au-dessous de 5 pieds;
6) au-dessus de 5 pieds.

VI. Résultats de la révision dans les départements de recrutement d'après les infirmités et professions des conscrits.

Colonne primaire:

Classes de professions: Les mêmes qu'au-dessus: II.

Colonnes secondaires:

Classes de maladies: Les mêmes que: V.

VII. Classification des maladies et infirmités.

I. Maladies d'infection.

Syphilis. Fièvre intermittente. Rhumatisme. Struma, etc.

II. Intoxications:

Hydrargyrose. Ergotisme. Alcoholisme, etc.

III. Parasites végétaux et animaux.

  a) végétaux: 1) *sinea.* 2) *herpes.*

  b) animaux: rage.

IV. Fautes et déformations acquises.

  a) Crâne: *Calvitie.*

  b) Visage: Manque de nez, de lèvres, de paupières, cicatrices de grande extension, manque de dents.

  c) Cou: *Torticolis.*

  d) Poitrine: Poitrine étroite *(pectus angustum),* poitrine déformée.

  e) Colonne vertébrale: Tortuosités *(Scoliosis. Kyphosis. Lordosis.).*

  f) Extrémités:

    aa) de la partie supérieure: déviation de la colonne vertébrale. Suites de fractures et de luxations. Contractions et ankyloses. Grumeaux *(manus valga et vara).* Mutilations *(mutilatio).*

    bb) de la partie inférieure: Cuisse déviée. Extrémités inégales. Pied plat *(pes planus).* Pied bot *(pes valgus, varus).* Genu valgum et varum. Contractions et ankyloses. Suites de fractures et de luxations. Abcès, cicatrices *(ulcera, cicatrices),* Mutilations *(mutilatio).*

V. Fautes et déformations naturelles.

Hermaphroditisme. Rétention des testicules *(retentio testiculorum).* Bec de lièvre *(labium leporinum, palatum fissum).* Manque ou nombre surnuméraire de doigts de la main ou du pied *(defectus vel duplicitas digitorum manus et pedis).* Fissures *(fissurae congenitae).* Fistule au cou *(fistula colli congenita).* Envies de grande extension *(naevi).* Luxations *(luxationes congenitae).* etc.

VI. Hernies.

Disposition aux hernies *(dispositio herniosa).* Hernies des différentes parties.

VII. Dérangement du développement et de l'alimentation.

Débilité universelle *(debilitas universalis).* Atrophie *(atrophia, cachexia pauperum).* Olichaemia. Chlorosis. Rhachitis. Arthritis. Lithiasis. Scrofulosis. Polysarcie. Leukaemie. Tumores. Lepra *(leprosis,* lèpre, *elephantiasis Graecorum). Elephantiasis trabum* (pachydermie). *Pellagra,* etc.

VIII. Dérangement de la circulation du sang.

Hydropsie anasarque. Ascites. Haemorrhoides. Varicocèle, etc.

IX. Dérangement des fonctions des organes.

Sourdi-mutisme *(muto surditas).* Crétinisme. Imbécillité *(debilitas mentis).* Aliénation mentale *(alienatio mentalis).* Épilepsie. Autres convulsions *(spasmi).* Balbutiement *(balbuties).* Dérangement de la voix *(vitia vocis).* Surdité. Ouïe dure *(surditas, Baryskoea).* Myopia. Hypermetropie. Strabisme. Diplopie *(Strabisme, Diplopia).* Cécité de jour et de nuit *(Hemeralopia, Nyctalopia).* Parésie. Paralysie, etc.

X. Maladies organiques.

  a) Peau: Exanthèmes chroniques *(Psoriasis* etc.) Sueurs des pieds *(sudores pedum).* Conflagrations; Maladies causées par le froid *(combustio; congelatio).*

b) Muscles: *Atrophia muscularis progressiva.*
c) Os et articulations: *Carie. Nécrose des os. Hydrarthrose. Periostite.* Inflammation des articulations *(inflammatio articulorum, caries articulorum, synovilis).*
d) Système sanguin.
    . aa) Cœur: Défectuosités des valvules *(vitia valvulorum cordis).* Palpitations.
    bb) Artères: *(Aneurysma).*
    cc) Vènes: *(Varices).*
e) Système nerveux: *Hydrocéphale.* Suites de l'apoplexie. *Névralgies.* Maladies de la moëlle épinière.
f) Organes des sens:
    aa) Oeil: *Amaurosis, Amblyopia.* Cataracte. Troubles de la cornée *(sparitas corneae). Phthisis bulbi. Staphylôme. Trichiasis.* Trachôme et granulations. Fistule lacrymale *(fistula lacrimalis).* Inflammation chronique des paupières. *Ectropium,* etc.
    bb) Oreille: *Otorrhoea.*
    cc) Nez: *Ozoena.*
g) Organes de la respiration: *Phthisie. Emphysème; Asthme. Empyème; Hydrothorax. Catarrhe chronique.*
h) Organes de la digestion: *Stomatite foetide.* Maladies chroniques de l'estomac, du foie, de la rate etc. *Prolapsus et fistule de l'anus. Péritonite chronique.*
i) Organes de l'uretère èt parties sexuelles: *Néphrite (Morbus Brightii).* Catarrhe de la vessie *(catarrhus vesicae). Ischuria et stricturae. Enuresis.* Fistules urinaires *(fistulae urethrales).* Maladies chroniques de la prostate. *Hydrocèle.* Inflammations des glandes, etc., etc.

III.

Rapport de Section

sur

l'état sanitaire des armées.

Le Comité du Congrès de Londres a désigné à la Commission préparatoire de Berlin, comme l'un des points à mettre en délibération, la statistique de l'état sanitaire des armées. C'est en effet l'une des tâches les plus importantes du Congrès, parce qu'il s'agit ici de prêter appui aux Gouvernements dans l'étude des causes, qui souvent préparent aux armées de plus grands désastres que les attaques de l'ennemi, et de les aider à trouver les moyens d'écarter ces dangers et de remplir le devoir difficile de conserver en force et en santé les hommes confiés à leurs soins pour le noble but de la défense de la patrie. Les grandes souffrances de la guerre de Crimée ont ouvert les yeux sur les lacunes du pied de paix et du service intérieur, et l'expérience a appris que les armées avaient conservé, même chez les peuples les plus instruits et les plus sages, des défauts particuliers que la civilisation est parvenue à annuler par des moyens analogues.

La véritable tâche de la statistique sanitaire des armées est naturellement de découvrir les causes qui menacent la vie des soldats aussi bien pendant la paix que pendant la guerre (en dehors du combat), et qui amènent soit la mort, soit un dépérissement prématuré. Pour découvrir ces causes il serait nécessaire de concentrer en un seul tableau statistique toute l'existence du soldat; de l'examiner de près par rapport à sa nourriture, son habillement, son armement, son logement, son service, et de comparer les relevés du recrutement avec les motifs du renvoi de service. Une aussi vaste tâche ne peut être entreprise en une fois. Il suffira que nous l'ayons indiquée, et que nous examinions son but immédiat et impérieux. C'est, à côté de la statistique du recrutement sur laquelle il a été fait un autre rapport, la statistique générale des maladies, des cas de morts et des invalides.

Sous ce dernier rapport aussi, les propositions à faire se restreignent aux maladies qui ont pour résultat l'invalidité. Cependant il est bon de faire remarquer qu'il est absolument nécessaire de poursuivre l'observation des invalides jusqu'à leur lieu de naissance ou à l'établissement qui leur sert d'asile, afin d'avoir des données sur leur dernière vocation. Principalement dans les États où le service militaire procure certains droits à l'entretien ou à l'emploi dans le service civil, il sera facile d'établir une statistique plus étendue de cette classe de fonctionnaires et de compléter par ce moyen les notions à recueillir sur l'influence de la vie militaire.

La statistique en question, des maladies, cas de mort et des invalides, doit être tout d'abord confiée aux mains des divers corps d'armée qui auront à établir les listes sous la responsabilité et avec la coopération de leurs médecins. Il ne serait pas à souhaiter que tout le travail fût confié aux médecins seuls, attendu que les personnes sur lesquelles reposent les observations ne sont pas seulement dans les lazarets et les infirmeries, mais aussi en chambre et dans les chambres des convalescents. Le corps de troupes seul peut recueillir journellement le montant des hommes aptes au service et en rendre compte exactement. Le médecin n'a à préparer que le rapport sur le lazaret, pour lequel seul il a compétence. D'un autre côté, il s'entend qu'un rapport fait sans la coopération des médecins serait sans valeur, et ce sera ensuite l'affaire de l'administration de distribuer les diverses tâches et d'exiger de chacun la véracité nécessaire. Une désignation légèrement faite ou fausse des maladies, des causes de décès ou d'invalidité non seulement ôterait à l'œuvre entière son utilité, mais la rendrait même nuisible.

Il est ensuite à aviser à ce que tous les cas de maladie etc. soient inscrits, qu'ainsi les soldats, passagers, les volontaires et les officiers ne soient point omis des listes. Il faut exiger que tout soldat qui a manqué un jour le service, paraisse dans la liste, et qu'ainsi on n'obtienne pas seulement le nombre de jours passés en traitement, mais aussi tous les jours de service.

Il est indispensable à certains buts statistiques d'établir une division entre les malades en chambre et les malades au lazaret. Si l'on veut obtenir un bon résultat, il faut être aussi complet et aussi général que possible.

Un corps de troupes peut seul servir de base à cette statistique. A cet effet il faut qu'il soit vraiment permanent, homogène et offrant pour chacun de ses membres les mêmes conditions d'existence.

Il existe de fait dans chaque armée certaines unités tactiques, qui sont toujours ensemble en garnison et occupent la même localité, qui ne peuvent être séparées que par des circonstances extraordinaires, qui sont ensemble exercées et entretenues. Chaque grand corps d'armée qui réunit plusieurs de ces unités offre une trop grande variété de conditions d'existence pour fournir à la science une base utile d'observation.

Une pareille unité est formée d'ordinaire par le bataillon, l'escadron etc. Si dans une armée les régiments forment l'unité, alors c'est d'eux qu'on fera usage pour la confection des rapports. Si dans une autre les bataillons sont divisés et que les compagnies représentent l'unité, c'est à ces dernières qu'on aura recours. En tout cas il faut que le rapport mensuel émane d'une pareille unité.

Mais il existe, il est vrai, un grand nombre de lieux, où un certain nombre de ces corps de troupes sont réunis dans une garnison. Ici il sera nécessaire qu'un rapport général sur l'état sanitaire de toute la garnison soit livré avec la coopération des médecins, et fût-ce même de tout un corps d'armée. On en pourra tirer des données certaines sur les circonstances endémiques, et si les troupes casernées ou non-casernées, ainsi que les armes différentes, sont inscrites à part, ces rapports pourront devenir des documents très-importants pour la statistique sanitaire comparée.

On pourra abandonner à chaque Gouvernement le soin de fixer de quelle manière les rapports seront ordonnés, comment les rapports généraux sur des corps d'armée ou sur l'armée entière seront conçus. En France il existe, en vertu de la loi du 22 janvier 1851 et de l'instruction du 14 juin 1862, des dispositions générales qui sous plusieurs rapports peuvent servir de modèles dans cette matière. Elle vont en partie beaucoup au delà des résolutions dont nous conseillons l'adoption au Congrès. Néanmoins il vaut mieux que le Congrès se restreigne à ce qui est nécessaire, et abandonne aux Gouvernements tout ce qui dépasse le point de vue scientifique et n'a de signification que dans les intérêts du service.

Enfin il est bon de rappeler que la classification proposée, des causes de maladie, se distingue autant de celles proposées au Congrès et adoptées en France, que de celles en usage en Angleterre et en Prusse. Cependant il sera bon d'avoir égard à l'armée pour l'établissement du formulaire, et d'un autre côté il est généralement reconnu que les formulaires officiels adoptés jusqu'à présent présentent de grandes lacunes et sont loin d'être approuvés et adoptés généralement. C'est pourquoi nous avons adopté dans la liste ci-jointe une classification, qui pour le fond répond à celle qui depuis 10 ans a été adoptée et considérée comme pratique par la science allemande.

Elle ne sera sans doute pas non plus exempte de défauts, mais elle répondra aux principales exigences, et si partout il est prescrit que chaque médecin inscrira lui-même le nom qu'il aura choisi pour désigner une maladie, et sans se restreindre à prendre note d'autres maladies, on pourra facilement en former un résumé, que plus tard tout homme de la science pourra ordonner d'après ses besoins, et sa manière de voir.

Résolutions.

1. Le Congrès considère l'établissement d'une vaste statistique de l'état sanitaire des armées comme l'une des tâches les plus urgentes des Gouvernements, parce que seule cette statistique donne la vraie mesure d'après laquelle on puisse juger de l'influence des institutions existantes sur l'état plastique, sur l'aptitude générale des personnes incorporées à l'armée.

2. Une pareille statistique peut atteindre à une rare perfection si les Gouvernements exigent des rapports soignés de leurs agents, si la forme de ces rapports est exacte et uniforme, et si les résultats en sont régulièrement publiés.

3. Les premiers relevés à faire sont la statistique de toutes les affections, congés ou décès des diverses armées :

a) d'après les corps de troupes,

b) d'après l'arme,

c) d'après les lazarets,

d) d'après les garnisons,

e) d'après les circonstances se rapportant au service, ou

f) d'après les circonstances personnelles, en particulier d'après l'année de la naissance de chaque soldat.

4. Le Congrès recommande, dans ce but, l'adoption générale de la classification des maladies contenue dans le Supplément No. 1, ainsi que les formulaires suivants :

a) Rapport mensuel de bataillon No. I., contenant un coup-d'œil spécial sur les diverses affections, les invalides et les décès, par rapport au temps de service.

    (Tableau A.)

b) Rapport mensuel de bataillon No. II., contenant un tableau comparatif des maladies, d'après l'année de naissance, la taille, la circonférence thoracique, par rapport au temps de service.

    (Tableau B.)

c) Rapport mensuel de bataillon No. III., contenant le nombre des jours de traitement, par rapport au temps de service.

    (Tableau C.)

d) Rapport mensuel de bataillon No. IV., contenant un tableau des hommes libérés pour incapacité de service et des invalides, d'après leur âge, leur taille, leur circonférence thoracique, par rapport au temps de service.

    (Tableau D.)

e) Rapport mensuel de garnison No. I., contenant un tableau des affections dans les divers corps d'armées et armes différentes, par rapport au temps de service et de casernement.

    (Tableau E.)

f) Rapport mensuel de garnison No. II., contenant un tableau spécial des affections dans les divers corps d'armées et armes différentes, par rapport au casernement.

    (Tableau F.)

g) Rapport mensuel du lazaret de la garnison, contenant un tableau spécial des maladies qui ont atteint des hommes de divers corps de troupes ou armes différentes y compris les passants.

    (Tableau G.)

5. Le Congrès tient pour nécessaire:

a) que toutes les personnes appartenant à l'armée, y compris les officiers, soient prises en considération dans les rapports qui précèdent;

b) que chaque affection qui pendant un jour enlève un homme au service militaire, y soit comprise.

6. On considérera comme la base de ces rapports pour chaque armée, le corps de troupes qui représente l'unité tactique et ordinairement indivisible, tel que le bataillon etc.

7. On distinguera aussi exactement que possible, dans les listes, les troupes casernées des non-casernées.

8. Le prochain Congrès de statistique aura pour tâche ultérieure de statistique comparée, à poser des questions sur la nourriture, l'habillement, l'armement, le logement et le service des soldats; cependant la Commission recommande maintenant comme très-désirable, que chacun des corps de troupes ajoutent tous les six mois à leurs publications statistiques des données exactes sur les points suivants:

1. Habillement. 2. Armement. 3. Entretien (y compris la solde). 4. Service (service de garde). 5. Gymnastique. 6. Logement.

Berlin.

Le rapporteur:
Prof. Dr. Virchow.

Formulaires pour les tableaux

de l'état pathologique, de l'invalidité et de la mortalité de l'armée.

Rapport mensuel No. I. du bataillon etc.

A. Tableau spécial des maladies en rapport avec la durée du service.

I. Observations générales au-dessus de la tête du tableau.

1. Force effective de la troupe (bataillon etc.)
2—6. Nombre de ceux au service au-dessous de 1 an, de 1 à 2 ans, de 2 à 3 ans, de 3 à 4 ans etc.
7. Nombre des sous-officiers et remplaçants (capitulants).
8. Nombre des volontaires.
9. Nombre des officiers.

II. Colonnes primaires.

Maladies[*]).

   I. Maladies d'infection.
  II. Zoonoses (Maladies communiquées par les animaux).
 III. Intoxications.
 IV. Parasites végétaux et animaux.
  V. Maladies traumatiques, annexe: mort violente.
 VI. Hernies.
VII. Dérangement du développement et de l'alimentation.
VIII. Dérangement de la circulation du sang.
 IX. Dérangement des fonctions des organes.
  X. Maladies organiques.

---

[*]) Le tableau de l'annexe △ pag. 67 pourrait servir de liste complète des altérations dans la santé soit des maladies, dont les titres nommés ci-dessus indiquent seulement les groupes. Chaque maladie occuperait une ligne dans la colonne primaire et serait à désigner par un numéro.

III. Colonnes secondaires.

Classes par durée du service et grades.

le 1. an au service:

a) Effectif: 1. l'effectif au commencement du mois. 2. entrés durant le mois. 3. somme 1 et 2.

b) Réduction: 4. guéris. 5. congédiés comme hors d'état de servir et invalides. 6. morts. 7. somme 4—6.

le 2. an au service:

a) Effectif: colonnes 7—9 comme sous 1 a.

b) Réduction: colonnes 10—13 comme sous 1 b.

le 3. an au service:

a) Effectif: colonnes 14—16 comme sous 1 a.

b) Réduction: colonnes 17—20 comme sous 1 b.

Sous-officiers et remplaçants (capitulants):

a) Effectif: colonnes 21—23 comme 1 a.

b) Réduction: colonnes 24—27 comme 1 b.

Volontaires:

a) Effectif: colonnes 28—30 comme 1 a.

b) Réduction: colonnes 31—34 comme 1 b.

Officiers:

a) Effectif: colonnes 35—37 comme 1 a.

b) Réduction: colonnes 38—41 comme 1 b.

Somme:

a) Effectif: colonnes 42—44 comme 1 a.

b) Réduction: colonnes 45—48 comme 1 b.

Rapport mensuel No. II. du bataillon etc.

B. **Tableau comparé des maladies d'après l'âge, la taille et la mesure du thorax par rapport à la durée du service et aux grades.**

Remarque: Ce tableau se compose des trois parties suivantes:

I. Partie du tableau: Age.

Colonnes primaires:

Classes par âge: 1. Hommes nés en 1846 et plus tard (supposé le rapport des formulaires à l'an 1863); 2. en 1845; en 1843; 5. en 1842; 6. en 1841; 7. en 1840; 8. en 1839; 9. en 1838.')

') Chaque année occupe une ligne.

Colonnes secondaires:

Classes par durée du service et grades: précisément les mêmes que dans le rapport mensuel No. I.

II. Partie du tableau: Taille.

Colonnes primaires:

Classes par taille: Hommes d'une taille de 1. au-dessous de 5 pieds; 2. de $5—5\frac{1}{2}$ pieds; 3. au-dessus de $5\frac{1}{2}—6$ pieds; 4. au-dessus de 6 pieds.')

') Chaque classe occupe une ligne.

Colonnes secondaires:

Classes par durée du service et grades: précisément les mêmes que dans le rapport mensuel No. I.

III. Partie du tableau: Mesure du thorax.

Colonnes primaires:
   Classes d'après la mesure du thorax: Hommes d'un thorax de 1. au-dessous à 32 pouces (84 centim.); 2. au-dessus de 32 pouces (84 centim.).*)
   *) Chaque classe occupe une ligne.

Colonnes secondaires:
   Classes par durée du service et grades: précisément les mêmes que dans le rapport mensuel No. I.

Rapport mensuel No. III. du bataillon etc.

C. Tableau du nombre des jours de traitement en rapport à la durée du service et aux grades.

Colonne primaire:
   Dans cette colonne chaque jour du mois occupe une ligne.

Colonnes secondaires:
   Classes par durée du service et grades: précisément les mêmes que dans· le rapport mensuel No. I.

Rapport mensuel No. IV. du bataillon etc.

D. Tableaux des congédiés comme hors d'état de servir ou invalides d'après les maladies, l'âge, la taille et la mesure du thorax en rapport à la durée du service.

   Remarque: Ce tableau se compose des quatre parties suivantes:

I. Partie du tableau: Maladies.

Colonnes primaires:
   Maladies: Voir la liste des maladies dressée pour le rapport mensuel No. I. Chaque maladie occupe une ligne.

Colonnes secondaires:
   Classes par durée du service et grades:
      Nombre de ceux au service 1. le 1ᵉʳ an, 2. le 2ᵉ an, 3. le 3ᵉ an, 4. le 4ᵉ an etc.; 5. des sous-officiers et remplaçants (capitulants), 6. des volontaires, 7. des officiers, 8. Somme des congédiés pour hors d'état de servir ou invalides.

II. Partie du tableau: Durée du service.

Colonnes primaires:
   Classes par âge: précisément les mêmes que dans la Iʳᵉ partie du rapport mensuel No. II.

Colonnes secondaires:
   Classes par durée du service et grades: précisément les mêmes que dans la Iʳᵉ partie du rapport mensuel No. IV.

III. Partie du tableau: Taille.

Colonnes primaires:
   Classes par taille: précisément les mêmes que dans la IIᵉ partie du rapport mensuel No. II.

Colonnes secondaires:
   Classes par durée du service et grades: précisément les mêmes que dans la Iʳᵉ partie du rapport mensuel No. IV.

IV. Partie du tableau: Mesure du thorax.

Colonnes primaires:

Classes par mesure du thorax: précisément les mêmes que dans la IIIe partie du rapport mensuel No. II.

Colonnes secondaires:

Classes par durée du service et grades: précisément les mêmes que dans la I^e partie du rapport mensuel No. IV.

Rapport mensuel No. I. de la garnison.

E. Tableau des altérations dans la santé chez les différentes troupes en rapport à la durée du service et au casernement.

NB. Ce tableau se compose de 2 parties; l'une, pour les troupes casernées, l'autre, pour les troupes non-casernées.

I. Partie du tableau: Troupes casernées.

Colonnes primaires:

Troupes par armes: Infanterie, Cavalerie, Artillerie, Génie et Train. Chaque classe occupe une ligne.

Colonnes secondaires:

Classes par durée de service et grades: précisément les mêmes que dans le rapport mensuel du bataillon No. I.

II. Partie du tableau: Troupes non-casernées.

Colonnes primaires:

Troupes: les mêmes qu'au-dessus dans la 1re partie.

Colonnes secondaires:

Classes par durée de service et grades: précisément les mêmes que dans le rapport mensuel du bataillon No. I.

Rapport mensuel No. II. de la garnison.

F. Tableau spécial des maladies pour les différentes troupes de la garnison.

Colonnes primaires:

Maladies: Voir la liste des maladies dressée pour le rapport mensuel du bataillon No. I. Chaque maladie occupe une ligne.

Colonnes secondaires:

I. Troupes casernées:

1. Cavalerie. 2. Infanterie. 3. Artillerie. 4. Génie. 5. Train.

II. Troupes non-casernées:

6. Cavalerie. 7. Infanterie. 8. Artillerie. 9. Génie. 10. Train.

III. Somme:

11. Cavalerie. 12. Infanterie. 13. Artillerie. 14. Génie. 15. Train.

Rapport mensuel du lazaret de la garnison.

G. Tableau spécial de ceux traités dans le lazaret de la garnison.

Colonnes primaires:

Maladies: Voir la liste des maladies dressée pour le rapport mensuel du bataillon No. I. Chaque maladie occupe une ligne.

Colonnes secondaires:

Armes:

I. Cavalerie:

Régiment A.:

Effectif: 1. Effectif au premier du mois. 2. Surcroît durant le mois. 3. Somme 1 et 2. Réduction: 4. Guéris. 5. Congédiés pour hors d'état de servir et invalides. 6. Morts. 7. Somme 4—6.

Régiment B. (les mêmes colonnes que pour le régiment A.)

Régiment C. (»   »   »   »   »   »   A.)

II. Infanterie (les mêmes colonnes que pour la cavalerie).

III. Artillerie (»   »   »   »   »   »   »   ).

IV. Génie (»   »   »   »   »   »   »   ).

V. Passants:

de troupes étrangères (les mêmes colonnes que pour la cavalerie);

de la landwehr ou des congédiés (les mêmes colonnes que pour la cavalerie).

Somme. Les mêmes colonnes que pour la cavalerie.

Remarque de la Rédaction. Deux régiments ou troupes de chaque arme supposés pour la garnison, le tableau se composerait de 63 colonnes, chaque régiment occupant 7 colonnes.

Annexe △. Classification des maladies.

I. Maladies d'infection. (Miasmes, maladies zymotiques, contagieuses.)

Variola. Variole. Varicella. Fièvre scarlatine. Rougeole. Morbilli. Fièvre miliaire. Erysipèle. Phlegmon diffus (Pseudoerysipelas). Diphthérie. Gangrène nosocomiale. Pyaemie (Septhaemie, Ichorrhaemie). Furoncle (Anthrax). Typhus (Typhus fever, Typhus exanthematicus). Fièvre typhoïde (Typhus abdominalis). Febris recurrens (Relapsing fever). Typhus icterodes (Febris typhosa biliosa). Fièvre jaune. Peste orientale. Peste indienne. Choléra asiatique. Dysenterie. Fièvre intermittente. Struma. Rhumatisme articulaire aigu. Fièvre rhumatismale. Rhumatisme chronique. Influenza. Beriberi. Syphilis constitutionelle. Syphilis primaire (ulc. molle). etc.

II. Zoonosies. (Maladies gagnées sur les animaux.)

Pustula maligna. Malleus humidus et farciminosus. Hydrophobie.

III. Intoxications.

a) Poisons animaux: morsure de serpent.

b) Poisons végétaux: *Ergotismus.* etc.

c) Poisons minéraux: *Hydrargyrosis. Jodismus.* etc.

d) par le gaz: Gaz hydrogène. Maladie minière.

e) Alcoholisme. etc.

IV. Parasites végétaux et animaux.

a) végétaux: *Soor (Aphthen, muques). Tinea (Porrigo). Herpes tonsurans, circinatus. Mentagra. Sycosis.*

b) animaux: *Scabies. Phthiriasis. Taenia (Botriocephalus). Cysticercus. Echinococcus. Filária. Trichina spiralis.* etc.

9*

V. Maladies traumatiques.

Insolation. Combustion. Congelation. Excoriations des pieds. Excoriations de l'anus. Excoriations des cavaliers. Contusions. Distorsions (Subluxatio). Fractures. Luxations. Vulnera sclopetaria. Vulnera incisa. Commotions. Opérations chirurgicales.

Annexe: Mort violente.

  a) *par accident:* par immersion; par explosion etc.

  b) Suicide.

VI. Hernies.

Hernia inguinalis interna. Hernia inguinalis externa. Hernia incarcerata.

VII. Dérangement du développement et de l'alimentation.

Débilité. Atrophie. Oligaemie. Chlorose. Rhachitisme. Haemophilius. Scorbut. Purpura. Arthritis. Calculs des reins (Lithiasis). Diabètes. Scrofules. Tuberculoses. Leukaemie. Carcinome. Tumeurs. Polysarcie. Lepra Arabum (Leprosis, Lèpre, Elephantiasis Graecorum). Elephantiasis Arabum (Pachydermia). Framboesia. Pellagra. etc.

VIII. Dérangement de la circulation du sang.

Congestions et fluxions. Haemorrhoides. Thromboses. Hydropsie anasarcale. Ascites. Varicocèle.

IX. Dérangement des fonctions des organes.

Débilité mentale. Aliénation mentale. Épilepsie.

Autres convulsions: *Strabisme. Diplopie. Héméralopie et Nyctalopie. Parésie et Paralysie.*

X. Maladies organiques.

  a) Peau: *Urticaria. Lichen. Psoriasis. Zoster. Furunculus.* etc.

  b) Muscles: *Myitis. Syndesmitis. Atrophia muscularis progressiva.* etc.

  c) Os et articulations: *Ostitis. Periostitis. Hydrarthros.* etc.

  d) Système sanguin: *Endocarditis. Pericarditis. Aneurysmata. Varices.* etc.

  e) Genre nerveux: *Meningitis. Encephalitis. Apoplexia. Delirium tremens.* etc.

  f) Organes des sens:

    aa) Oeil: *Trachoma (Granulationes). Keratitis. Cyclitis. Iritis. Chorioiditis.* etc.

    bb) Oreille: *Otitis interna. Otitis externa. Otorrhoea.* etc.

    cc) Nez: *Coryza.* etc.

  g) Organes de la respiration: *Laryngitis. Bronchitis. Pleuritis. Pneumonia.* etc.

  h) Organes de la digestion: *Stomatitis. Gastritis. Enteritis. Catarrhus gastricus. Catarrhus intestinalis. Cholera nostras. Peritonitis. Perforatio processus vermiformis* etc.

  i) Organes de l'uretère et parties sexuelles: *Nephritis (morbus Brightii). Cystitis. Prostatitis. Stricturae. Gonorrhoea. Orchitis. Hydrocele.* etc.

IV.

Proposition supplémentaire aux résolutions de la 4ᵉ Section,

concernant

la statistique des hôpitaux.

La statistique des hôpitaux a été l'objet des délibérations du Congrès international de statistique aussi bien à Vienne, en 1857, qu'à Londres, en 1860. Diverses raisons essentielles nous engagent à revenir cette fois-ci encore sur ce thème :

a) Les résolutions présentées à la 4ᵉ section, touchant la statistique sanitaire de la population en général, trouvent leur complément nécessaire dans la statistique des hôpitaux.

Outre l'occasion offerte par le recrutement (voir le rapport sur ce sujet) d'estimer l'état sanitaire d'une grande et importante fraction de la population, directement et positivement d'après les qualités normales, c'est-à-dire physiologiques, et de les fixer au moyen de la statistique, il faudra provisoirement se contenter de juger l'état sanitaire de la population d'après des symptômes indirects et négatifs, c'est-à-dire d'après les phénomènes morbides.

Il faudra à cet effet, pour une partie importante de la population, c'est-à-dire pour la classe ouvrière, avoir recours aux différentes espèces de caisses de malades, de secours ou d'assurance (voir les rapports de la 5ᵉ Section du Congrès). Les hôpitaux, surtout dans les villes, sont, dans les cas de maladie, le refuge non seulement d'une grande partie des pauvres, mais aussi de beaucoup d'autres groupes de population, de ces classes qui sont secourues soit officiellement, soit par libre association. Dans les grandes villes, comme par exemple à Berlin, à Breslau etc., un tiers et plus des cas de mort échoit annuellement aux établissements sanitaires de toute espèce, aux hôpitaux comme aux maisons de santé. C'est pourquoi la statistique des maladies faite dans ces établissements sera utilement mise à contribution pour mesurer indirectement l'état sanitaire de la population.

b) La statistique sanitaire comparée de la population militaire trouvera l'un de ses plus importants points de repère dans celle des hôpitaux. Il faudra donc, conformément aux résolutions qui se rapportent aux lazarets militaires, songer aussi à l'établissement d'une statistique civile des hôpitaux.

c) Un jugement fondé sur les circonstances hygiéniques d'un hôpital, sur la réalisation de son but qui dépend de ces conditions, devient impossible en l'absence d'une statistique spéciale de l'hôpital. C'est en partant du point de vue que les maisons de santé sont par elles-mêmes des institutions sociales indépendantes, qu'on a fixé à Vienne et à Londres les conditions générales et spéciales de leur statistique.

L'établissement définitif d'une pareille statistique ne pourrait pas être recommandé d'une manière plus pressante qu'il ne l'a été à Londres où les délégués officiels ont été engagés par une résolution spéciale à conseiller instamment à leurs gouvernements la réalisation d'une statistique régulière des hôpitaux, fondée sur les résolutions du Congrès.

Quelque peu efficaces qu'aient été jusqu'à présent ces résolutions, il n'en est pas moins vrai que la question de l'établissement, de l'économie, des bons résultats des hôpitaux croît de jour en jour en raison directe de notre développement social. Aussi le Congrès de Berlin sentira-t-il d'autant plus la nécessité de sanctionner par un vote nouveau les résolutions de Londres. Ce vote paraît être d'autant plus urgent que les hôpitaux, et même les plus importants, remplissent moins le devoir qui leur est imposé de publier régulièrement les résultats de leur action, si importants pour l'administration, comme pour la science.

Quant au contenu matériel des précédentes résolutions du Congrès relativement à la statistique des hôpitaux, il suffira, grâce à la richesse suffisante de leurs rubriques, de joindre à l'une ou à l'autre, sous forme d'amendements à présenter aux sections, les faits nouveaux qui pourront avoir été suggérés depuis par l'expérience et la pratique.

Berlin, le 4 août 1863.

Dr. S. Neumann. Dr. F. Willms. Dr. Hirsch.

Vᵉ Section.

La mission de la statistique dans le système de la prévoyance et des secours mutuels. La statistique des assurances.

Dès l'entrée de la discussion sur la branche de statistique confiée par la Commission préparatoire à la Vᵉ Section, les membres de cette section reconnurent unanimément la nécessité de maintenir sur ce point la forme proposée dans l'avant-projet de Mr. le conseiller Engel. Cependant après avoir reconnu l'inutilité de prendre en considération toutes les circonstances qui de près ou de loin peuvent influer sur l'état de la prévoyance économique, puisqu'elles ont été entièrement appréciées, soit dans les séances précédentes du Congrès, soit par les autres sections de la Commission préparatoire, on renonça à diriger là-dessus les délibérations et l'on rétrécit ainsi le cercle des thèmes à discuter. On exclut aussi du domaine de la Section le calcul des tarifs des contributions que les membres de l'association auront à payer pour arriver à un but commun, parce que la majorité des membres déclara être d'avis que ce calcul en lui-même n'était point l'affaire de la statistique, mais bien celle des mathématiques.

En revanche, la Section jugea convenable d'étendre la statistique des associations fondées sur la prévoyance économique, aux sociétés qui n'ont pas la prévoyance pour unique base, mais qui doivent leur existence et leur direction en partie à la spéculation, en partie à la bienfaisance de tierces personnes. Car d'abord ces trois causes se confondent de tant de manières qu'il serait fort difficile d'en faire la base d'une division; et ensuite, en s'en tenant exclusivement aux établissements de prévoyance mutuelle, on omettrait ainsi des institutions fort importantes dont il est indispensable de s'occuper, ne fût-ce que comme objet de comparaison.

La Section étendit aussi ces travaux dans ce sens: qu'elle déclara la prévoyance au point de vue intellectuel et moral tout aussi fondée que celle qui ne vise qu'à des buts matériels, et en conséquence admit les associations et les réunions d'instruction des artisans, des ouvriers etc. au nombre des objets sur lesquels elle aura à délibérer.

Enfin la Section jugea qu'il était pratique de comprendre dans la statistique des assurances sur la vie, à cause de l'affinité qu'elles ont avec celle-ci, les caisses de secours en cas de maladie, les caisses de retraite pour la vieillesse, en tant qu'elles ont pour base la prévoyance économique.

Après avoir adopté ces principes de délibération, la Section procéda à la nomination de rapporteurs pour chacune des branches de la prévoyance et de l'assurance. Les rapports une fois livrés furent, plus tard, il est vrai, soumis à des délibérations plus ou moins approfondies. La Section n'a, suivant l'usage, point pris la responsabilité de leur contenu, mais seulement des propositions, des formulaires ou des questions présentées. Les rapporteurs eux-mêmes auront à répondre devant le Congrès du contenu de leurs travaux [*]).

---

[*]) Le peu de temps entre la clôture des séances de la Vᵉ Section et le commencement des assemblées du Congrès n'a pas permis à reproduire tous les rapports de la Vᵉ Section en langue française; pourtant ceux de première importance ont été traduits soit dans toute leur étendue soit seulement dans leurs résolutions.

I. Prévoyance. Secours mutuels.

Annexe I.

Caisses d'épargne.

Propositions concernant le contenu des tableaux à publier sur la situation des caisses d'épargne.

Tableau I. Administration intérieure.

A. Exploitation.

1. Recettes pendant l'année: a) Versements. b) Intérêts. c) Dons et subventions de l'État. d) Autres recettes. e) Somme.
2. Dépenses pendant l'année: a) Sommes retirées (Remboursements). b) Intérêts dépensés ou non exigés. c) Dépenses d'administration. d) Somme.
3. Excédant.

B. Bilan à la fin de l'année.

1. Actif: a) Argent comptant. b) Sommes prêtées aux gouvernements, communes etc. c) Biens dans les banques. d) Prêts par nantissement. e) Billets hypothécaires. f) Billets de change et demandes sur garantie. g) Effets. h) Autres actifs. i) Somme.
2. Passif:
   a) Bons des intéressés.
   b) Fonds de réserve (Contenu de la Caisse).
   c) Excédant à distribuer: α) à l'État, au district ou à la commune. β) aux établissements de bienfaisance. γ) au fonds de réserve δ) aux déposants comme primes. ϵ) pour d'autres buts. ζ) Transport à nouveau compte.
   d) Autres Passifs.
   e) Somme.

Tableau II.

que nous proposons, comprend:

1. Le nombre des caisses d'épargne.
2. Leur âge moyen.
3. Le nombre et le montant des versements au commencement de l'année.
4. Le montant et le nombre des versements nouveaux pendant l'année.
5. Le montant des sommes supplémentaires.
6. Le montant des intérêts payés ou non exigés.
7. Le nombre et le montant des remboursements complets pendant l'année.
8. Le montant des remboursements partiels.
9. Le nombre et le montant des versements à la fin de l'année: par classe de grandeur, par classe de profession des intéressés.
10. Moyenne du taux de l'intérêt payé par les caisses.

Tableau III. Classification des déposants suivant leur profession.

a) Corporations et établissements publics.

b) Fonctionnaires de l'État: hommes, femmes.

c) Autres fonctionnaires (de chemins de fer, commis de maisons de commerce): hommes, femmes.

d) Entrepreneurs (tous ceux qui entreprennent d'une manière indépendante l'agriculture, le commerce, la fabrication, les mines): hommes, femmes.

e) Militaires: hommes, femmes.

f) Ouvriers, manœuvres, industriels ou agricoles: hommes, femmes. (Tous ceux qui travaillent pour un salaire journalier ou hebdomadaire au service des autres.)

g) Domestiques: agricoles, hommes, femmes; personnels, hommes, femmes. (Tous ceux qui travaillent dans la maison de l'entrepreneur ou du maître et font pour ainsi dire partie du ménage.)

h) Autres hommes faits: hommes, femmes.

i) Enfants.

Le rapporteur:

Dr. Otto Hübner.

Annexe II.

Rapport sur la statistique des associations de secours mutuels économiques.

Conformément à la commission qui nous a été donnée dans l'assemblée de la Section, le 12 de ce mois, nous donnons ci-joint les formulaires de tableaux statistiques:

    a. pour les sociétés de prêt et de crédit,

    b. pour les associations d'achat des matières premières,

    c. pour les associations productives,

    d. pour les sociétés de consommation (Consumvereine).

Nous avons dû nous restreindre dans ces tableaux aux points principaux de l'activité sociale et laisser de côté tous les objets de moindre importance.

Ensuite nous nous sommes restreint à ces formes d'association qui sont assez développées en Allemagne pour rendre possibles des relevés statistiques. Si les membres étrangers du Congrès s'en tiennent à ce point de vue pour les affaires de leur pays, alors il pourra s'accomplir quelque chose de complet sur une base réelle dont notre science ne peut se passer.

En établissant les tableaux ci-joints nous avons eu en vue, d'autant plus que nous en sommes aux débuts du développement de l'association, d'en fixer tout d'abord les lignes générales par la statistique, en réservant la spécialisation aux progrès que prendront peu à peu les associations. Nous avons eu aussi en vue un but pratique, en séparant le possible du souhaitable, et en nous représentant que nous avions sous les yeux les personnes chargées de les remplir. Ce sont pour la plupart, chez nous en Allemagne, des maîtres-artisans, dont on ne peut attendre qu'ils pénètrent dans tous les détails souvent basés sur des formules arithmétiques et sur des calculs compliqués. Il faut se contenter d'avoir du moins les traits principaux de l'activité sociale tels qu'on les recueille dans les cercles privés.

N'oublions pas en même temps que c'est la tâche d'un Congrès international de statistique, de comprendre dans le domaine de ses observations tous les phénomènes statistiques jusqu'aux moins importants et d'établir des principes statistiques fixes. Nous ne nous croyons pas appelés à établir une spécialisation très-extensible, mais nous pensons que cela peut être l'œuvre des membres du Congrès, tandis que la nôtre n'était que de poser la première pierre de l'édifice.

Berlin, le 28 juillet 1863.

Schulze-Delitzsch. Bensemann.

Formulaires.

a. Associations de prêt et de crédit.

Colonne primaire:

    Ville, village du siége de l'association.

Colonnes secondaires:

    1. Nombre d'habitants de la ville .....

    2. Année de la fondation de l'association.

3. Nom de l'association.

4. Caractère juridique de l'association.

5. Nombre des membres de l'association au commencement de l'année.

6—8. Somme des prêts alloués et des prolongations pendant l'année sur lettres de change, sur obligations, en comptes-courant.

9. Minimum et maximum des prêts alloués.

10. Nombre des prêts et des prolongations alloués.

11. Termes de crédit et de prolongation.

12. Taux d'intérêt et de provision par an.

13—15. Recettes:

    a) Intérêts et provisions des prêteurs (perçus; non encore perçus).

    b) Autres recettes.

16—17. Frais d'administration et salaires: dont encore à payer à la fin de l'année; dont déjà payés.

18—19. Intérêts aux créanciers de l'association: dont encore à payer à la fin de l'année; dont déjà payés.

20—21. Bénéfice net des affaires de prêt: en somme, dividendes distribuées entre les membres de l'association.

22—27. Passifs à la fin de l'année:

    Dettes envers les membres (montant de leurs versements).

    Dettes aux personnes tierces: Sommes empruntées des particuliers; des banques; des autres associations.

    Versements d'épargne (Spareinlagen) dans la caisse de l'association.

    Fonds de réserve.

    Fonds de roulement (somme des positions 22 à 26).

28—35. Actifs à la fin de l'année.

    Argent comptant; en effets.

    Demandes sur lettres de change, sur billets de garantie, sur obligations, en comptes-courants.

    Emprunts aux banques et aux autres associations.

    Inventaire.

36. Pertes pendant l'année.

37. Noms des administrateurs de l'association et observations.

b. Associations d'achat de matières premières.

Colonne primaire:

  Nom et siége de l'association, classifié d'après les métiers.

Colonnes secondaires:

1. Année de la fondation de l'association.

2. Nombre des membres à la fin de l'année.

3—8. Fonds de roulement à la fin de l'année:

    Versements (actions) des membres et dividendes non perçus.

    Montant des dettes par emprunts.

    Montant dû fond de réserve.

    Somme des positions 3 à 5.

    Montant du pour les matières premières créditées à l'association.

    Montant des sommes pour les matières premières créditées par l'association à ses membres.

9—10. Montant de l'achat pendant l'année et du restant de l'année passée: prix d'achat; prix de vente.

11—12. Montant de la vente et augmentation moyenne des prix de vente sur les prix d'achat.

13—14. Restant de l'achat à la fin de l'année. Valeur d'après les prix de vente.

15. Intérêts aux créanciers de l'association.

16. Frais d'administration, y compris les salaires.
17. Bénéfice net et repartition.
18. Pertes en général; pertes par reduction des prix de vente au-dessous des prix d'achat.
19. Observations (noms des administrateurs).

c. Associations productives.

Colonne primaire:

Métier, nom et siége de l'association.

Colonnes secondaires:

1. Année de fondation.
2. Nombre des membres à la fin de l'année.
3—8. Fonds de roulement à la fin de l'année. Ses éléments:
  Versements des membres.
  Emprunts contractés.
  Fonds de réserve.
  Somme des positions 3 à 5.
  Dettes pour des matières premières et marchandises sur crédit.
  Montant des crédits alloués aux membres pour des matières premières et marchandises.
9—14. Branche d'affaires en matières premières:
  Montant de l'achat et du restant de l'an passé d'après les prix d'achat et les prix de vente.
  Montant de la rente et augmentation moyenne des prix de vente sur les prix d'achat.
  Restant à la fin de l'année. Valeur d'après les prix d'achat et les prix de vente.
15—19. Branche d'affaires de magasin:
  Produits de l'association: matières premières employées; main d'œuvre payée; prix de vente.
  Somme du débit pendant l'année.
  Restant.
20. Intérêts aux créanciers de l'association.
21. Frais d'administration, y compris les salaires.
22. Bénéfice net.
23. Pertes.
24. Observations.

d. Associations pour acheter des objets livrés à la consommation directe.

Colonne primaire:

Nom et siége de l'association.

Colonnes secondaires:

1—8. voir b.
9. Objets principaux des affaires de l'association.
10—11. Montant de l'achat et restant de l'année précédente. Prix d'achat; prix de vente.
12—13. Montant de la vente et augmentation moyenne des prix de vente sur les prix d'achat.
14—15. Restant. Valeur d'après les prix d'achat et les prix de vente.
16. Intérêts aux créanciers de l'association.
17. Frais d'administration, y compris les salaires.
18. Bénéfice net et répartition.
19. Pertes.
20. Observations. Noms des administrateurs.

Annexe III.

Associations

pour

l'acquisition et l'augmentation du capital intellectuel de leurs membres

soit sociétés d'instruction pour les ouvriers.

I. Origine.

Quel est le nom de la société ou association?
Quand a-t-elle été fondée?
Par qui?
A-t-elle constamment subsisté depuis sa fondation?
Ou bien a-t-elle interrompu une ou plusieurs fois son activité?
Par quelles raisons? Combien de temps a duré chaque interruption? Les interruptions ont-elles causé des pertes pécuniaires à la société?

II. Organisation et membres.

La société a-t-elle des statuts? (Si c'est le cas, elle est priée d'en envoyer un exemplaire ....)
Quelles espèces de membres a la société? Combien de chaque espèce, le .... 18..?
Quels droits et devoirs possèdent les divers membres de la société?
La société ne consiste-t-elle qu'en maîtres-artisans c'est-à-dire en artisans ou négociants indépendants? Ou bien en ouvriers, c'est-à-dire en compagnons, commis, ouvriers de fabrique etc.? Ou se compose-t-elle de maîtres et d'ouvriers à la fois?
Les apprentis peuvent-ils en faire partie? Les femmes peuvent-elles en devenir membres?
Comment les membres sont-ils repartis sur les arts et métiers représentés dans la société, au commencement et à la fin de l'année?

(Tab. 1.) **Principales fonctions.**	Nombre des membres, savoir:					
	Entrepreneurs, maîtres ou artisans et marchands indépendants	Ouvriers.		Femmes	Autres	Somme
		Compagnons, aides, commis, ouvriers de fabriques	Apprentis			
	Commencement / Fin de l'année	Commencement / Fin de l'année	Commencement / Fin de l'année	Commencement / Fin de l'année	Commencement / Fin de l'année	Commencement / Fin de l'année
NB. Indiquer ici les principaux arts et métiers.						

La société a-t-elle un protecteur particulier haut placé ou plusieurs? Quels sont-ils? En quoi consiste leur protectorat?

III. But de la société et moyens de le remplir.

Quel est d'après les statuts le but de l'association? Et comment le remplit-elle?
    A. La société a-t-elle pour but l'instruction et l'éducation de ses membres? le fait-elle au moyen de leçons?
        Au moyen de cours réguliers?

Par l'acquisition et la conservation d'une bibliothèque, ou la mise en lecture de journaux et de livres?

Par l'acquisition et la conservation de collections d'objets d'histoire naturelle? ou technologiques?

Par des excursions d'histoire naturelle et de technologie?

Par l'institution et la distribution de bourses ou secours de voyage?

Par la publication de livres? de journaux?

(NB. Outre la réponse correspondant aux questions qui précèdent on prie de faire connaître les détails, en remplissant le tableau No. 2 de l'annexe).

B. La société joint-elle au but indiqué dans le chapitre A. celui de la récréation et des divertissements?

La société arrange-t-elle des réunions de famille? A quels intervalles de temps? Les enfants des membres peuvent-ils y prendre part?

La société arrange-t-elle des concerts? A quels intervalles? Le chœur de la société s'y produit-il quelquefois? De quelle manière?

Les gymnastes de la société donnent-ils des fêtes de gymnastique? Y a-t-il des excursions en voiture ou en bateau?

La société possède-t-elle un théâtre? Et organise-t-elle des représentations périodiques, peut-être à l'aide de ses membres?

La société organise-t-elle des distributions de cadeaux à Noël? Pour ses membres, soit leurs familles? De quelle manière?

C. La Société a-t-elle pour but l'extension des affaires ou les secours mutuels en cas de malheur?

Existe-t-il dans ou par la société:.

Des associations de crédit en faveur de ses membres? Pour l'acquisition en gros de matières premières? Pour la vente de marchandises confectionnées par ses membres? Pour la production?

Comment prospèrent ces associations? Quel est le nombre de ceux qui y prennent part?

(NB. On peut répondre à ces questions et à d'autres en renvoyant aux rapports spéciaux qui auraient pu être faits sur cette espèce d'associations. Voir le rapport précédent de la Section.)

La Société organise-t-elle des expositions d'industrie c'est-à-dire, composées des produits de ses membres? Ou aussi de ceux d'étrangers à la Société? Combien de fois ces expositions ont-elles eu lieu? Quel a été leur résultat?

La Société accorde-t-elle des secours de voyage à ses membres, ou à d'autres qui visitent des marchés étrangers dans l'intérêt de la société? Combien de fois cela a-t-il déjà eu lieu? La mesure a-t-elle paru bonne?

La Société ouvre-t-elle des concours? Combien par an? Avec quelles primes? La Société accorde-t-elle en outre des primes pour les inventions? et pour l'introduction de nouvelles branches d'industrie? Combien? et à combien se montent-elles?

Existe-t-il dans ou par la société:
Une caisse de secours pour les malades?
Une caisse de pensions pour les invalides?
Une caisse de pensions pour les veuves et orphelins?
Une caisse pour assurer les frais de sépulture?

NB. Pour les réponses, on est prié de renvoyer à d'autres rapports qui pourraient exister sur les diverses caisses (voir la statistique des assurances).

IV. Direction de la société.

Comment est organisée la direction de la société?

Existe-t-il un conseil d'administration? Quels sont ses pouvoir? De combien de membres se compose-t-il? Pour combien de temps sont-ils élus?

Les instituteurs ont-ils une position particulière dans la société? Laquelle? Y a-t-il une assemblée générale? Combien de fois par an? Quelle est sa compétence?

V. Finances de la société.

Quelle est la somme de l'actif de la société? se composant de:

Biens-fonds? Objets inventariés (Bibliothèques, collections)? Ouvrages, livres, journaux édités par la société? Argent comptant, effets de commerce, papiers de valeur, hypothèques?

Dans le cas que la société ne pourrait pas être registré comme propriétaire d'immeubles, par quel moyen s'assure-t-elle ses propriétés foncières?

Quelles est la somme du passif de la société? Se composant de:

Dettes hypothécaires? Dettes pour les objets de l'inventaire? Cautionnements reçus de ses membres ou employés? Autres dettes que celles ci-dessus nommées?

Par quel moyen garantit la société la somme du passif dans le cas qu'elle ne jouit pas du droit de personne juridique?

Quelles sont les recettes annuelles de la société? provenant des:

Intérêts de capitaux? Contributions des membres? Honoraires pour l'instruction? Billets d'admission aux concerts? et lectures? Revenus des loteries de produits et marchandises? Expositions? Loyers du restaurant? Autres sources?

Quelles sont les dépenses par an de la société?

Intérêts payés? Honoraires aux professeurs? Livres et journaux? Moyens d'instruction? Mobilier et inventaire? Autres objets?

Qu'est ce qu'on fait de l'excédant des recettes?

S'il y a d'excédant de dépenses, par quel moyen sera-t-il couvert?

Annexes.

(2ᵐᵉ Tableau.) Objets d'instruction.	Nombre des leçons par semaine:		Nombre des instituteurs au .... 18..		Nombre moyen des écoliers au .... 18..								En-semble
					Maîtres, industriels, commerçants indépendants		Compagnons, commis, ouvriers de fabrique		Apprentis		Autres		
	aux dimanches	aux jours ordinaires	salariés	sans salaire	aux dimanches	aux jours ordinaires	aux dimanches	aux jours ordinaires	aux dimanches	aux jours ordinaires	aux dimanches	aux jours ordinaires	

On inscrira les objets suivants selon qu'il y a d'instruction:
a) Calligraphie.
b) Arithmétique.
c) Physique.
d) Chimie.
e) Minéralogie et géologie.
f) Botanique.

g) Zoologie.
h) Dessin, dessin linéaire, géométrie descriptive, perspective; dessin architectonique, dessin d'ornements.
i) Langues, savoir: allemande, française, anglaise.
k) Littérature.
l) Chant.

m) Géographie, ethnographie.
n) Statistique.
o) Économie politique.
p) Tenue des livres.
q) Sténographie.
r) Gymnastique.

(3ᵐᵉ Tableau.)	Récits:								Bibliothèque.					
Objets des récits. — Matières des ouvrages.	Nombre des lectures pendant le				Nombre moyen des auditeurs pendant le				Livres loués à des					
	1ᵉʳ	2ᵐᵉ	3ᵐᵉ	4ᵐᵉ	1ᵉʳ	2ᵐᵉ	3ᵐᵉ	4ᵐᵉ	Précepteurs.	Maîtres, industriels, commerçants indépendants.	Compagnons, commis, ouvriers de fabrique.	Apprentis.	Autres.	Ensemble.
	trimestre				trimestre									
	Janvier à Mars	Avril à Juin	Juillet à Septembre	Octobre à Décembre	Janvier à Mars	Avril à Juin	Juillet à Septembre	Octobre à Décembre	Nombre des louages.	Nombre des louages.	Nombre des louages.	Nombre des louages.	Nombre des louages.	Nombre des louages.

On inscrira, comme objets des lectures ou matières des ouvrages:

I. *a*) Sciences naturelles.
b) Mathématique, mécanique, théorie des machines.
c) Géodésie, astronomie.
d) Physique, météorologie.
e) Chimie.
f) Minéralogie, géologie, pédologie.
g) Botanique et physiologie des plantes.
h) Zoologie et physiologie des animaux.
i) Anthropologie, physiologie de l'homme, psychologie et phrénologie.
k) Principes de alimentation.
l) Médecine, hygiène.
m) Technologie.
n) Agronomie, science forestière, jardinage, culture des vignes, théorie de la taxation des terres.
o) Art de mines et métallurgie.
p) Architecture, science des ingénieurs.
q) Bâtiments publics, ponts, chemins de fer.
r) Transports (administration des postes, chemins de fer, navigation).
s) Science nautique.
t) Fabrication, entreprises d'industrie et de commerce, expositions.
u) Commerce et théorie du commerce.
v) Assurances.
w) Sciences militaires.
II.*a*) Philosophie.
b) Théologie.
c) Instruction.
d) Théorie des langues, philologie.
e) Littérature et belles-lettres.
f) Beaux-arts, ouvrages d'art (y compris les théâtres, la mimique, la réthorique.)
g) Sciences d'Etat.
h) Politique.
i) Jurisprudence.
k) Economie sociale et politique (y comprise l'assistance).
l) Economie privée.
m) Finances.
n) Statistique.
o) Géographie, ethnographie.
p) Histoire.
p) Mélanges.

II. Statistique des assurances.

§. 1. La Section propose au Congrès de décider que:

»Considérant que les assurances ont besoin au plus haut degré pour arriver à leur entier développement, de l'aide de la statistique, et que leur grande importance économique justifie tous les secours qu'il s'agit de leur apporter, le Congrès international de statistique déclare qu'il est désirable d'avoir égard, dans les relevés statistiques, aux besoins des assurances, et recommande particulièrement le relevé régulier des notices souhaitées par les diverses branches des assurances, en tant que ces relevés paraîtront praticables au Congrès.«

§. 2. La Section propose de plus au Congrès de décider que:

»Considérant que les institutions d'assurance sont tout particulièrement aptes à fournir des notes statistiques dans les limites de leur domaine, et que le relevé, la réunion et la publication de ces matériaux statistiques peuvent contribuer considérablement à la solution de questions importantes soulevées par la science, l'administration de l'Etat et les établissements d'assurances mêmes, recommande au Congrès le relevé de ces matériaux. «

Les principales données que la science est en droit de demander aux assurances, sont: l'indication du caractère de l'association, de ses capitaux disponibles, de son genre d'affaires, de son cercle d'affaires au point de vue de l'étendue et de la masse, de son tarif de primes et de sa rentabilité.

§. 3. La Section reconnaît comme d'une haute importance la réponse précise à la question: •Quelles exigences le public qui prend part à l'assurance peut-il et doit-il formuler vis-à-vis des sociétés d'assurances, eu égard à la publicité de leur situation financière et des résultats de leur exploitation?« Sans vouloir discuter sur la compétence du forum, la Section pense que la question pourrait être approfondie et résolue par une commission composée d'hommes spéciaux de chacune des branches des assurances (y compris les mathématiciens des assurances sur la vie), de deux ou trois négociants ou teneurs de livres, de deux ou trois économistes, de deux ou trois statisticiens, et de deux ou trois fonctionnaires de l'administration, qui soient assez au fait des assurances pour être capables d'exprimer une opinion sur ce sujet.

La Section recommande au Congrès d'aviser à la formation d'une pareille commission, et de soumettre le matériel rassemblé jusqu'à présent par la Section, à son élaboration.

§. 4. Pour la solution des problèmes de statistique des assurances désignés aux §. 1—3, la Section recommande au Congrès, d'appuyer l'établissement de plusieurs commissions spéciales dans lesquelles l'arithmétique politique, la technique des assurances et la statistique aient leurs représentants, que ces commissions soient créées par l'autorité administrative comme des fonctions spécialement consacrées aux assurances, ou qu'elles doivent leur formation à la réunion libre des sociétés d'assurance elles-mêmes.

§. 5. En conséquence la Section présente au Congrès les articles suivants de I—IX., en partie pour motiver ses résolutions, en partie pour servir de matériel aux délibérations statistiques sur les assurances. Elle espère en outre que les membres du Congrès, familiers avec certaines branches des assurances jusqu'à présent ignorées et trop peu connues en Allemagne, prendront l'initiative de propositions propres à combler ces lacunes.

Les rapports et leurs auteurs sont les suivants:

1. W. Lazarus: Les assurances en général (rapport rendu en français).
2. Dr. Amelung et W. Lazarus: Les assurances fondées sur la vie humaine (les résolutions seules rendues en français).
3. Le conseiller des comptes, M. Tiede: Les Tontines (non rendu en français).
4. Dr. K. Heym: Les caisses de malades, de secours, d'invalides et d'orphelins (non rendu en français).
5. W. Lazarus: L'assurance contre l'incendie (non rendu en français, ayant appris que les directeurs des sociétés par actions les plus distingués veulent arrêter en commun des propositions et des tableaux à soumettre à l'approbation du Congrès).
6. A. Herz: L'assurance contre la grêle (rendu en français).
7. W. Lazarus: L'assurance du transport (rendu en français).
8. Dr. Warnecke: L'assurance du bétail (avec des observations de MM. Kniebusch et Spinola), (rendu en français).
9. Dr. O. Hübner: L'assurance des hypothèques. (L'assurance des créances hypothécaires n'existant que de très-courte date et n'étant pas encore une institution internationale — en effet on ne connaît jusqu'à présent qu'une société à Dresde, une à Vienne et une à Berlin — le rapport n'a pas été rendu en français.)

Les assurances en général.

Pour traiter le sujet dont il s'agit, votre rapporteur se conformant en cela à une résolution de la section, prend pour base, dans leur ordre, les six questions posées dans l'Avant-projet adressé à la Commission préparatoire.

I. Quels renseignements statistiques les différentes branches d'assurance exigent-elles pour être mieux éclairées sur leurs opérations?

Les origines de l'assurance sont de deux sortes. Nous voyons des personnes dont la propriété a été frappée d'un dommage, se réunir, afin de supporter ensemble et de partager entre toutes, le dommage redouté qui frappe tantôt l'une, tantôt l'autre; mais nous voyons aussi des capitalistes se charger de garantir à des prix fixes et élevés un dédommagement dans les cas de perte. Dans les deux cas, on n'avait pu apprécier qu'approximativement la valeur de la perte; c'eût été, dans l'ancien état des choses, une tâche impossible que de rechercher auparavant la hauteur du danger qu'il fallait rencontrer. Mais lorsque le système des assurances se fut développé et étendu jusqu'à l'assurance contre les dangers les plus divers; lorsqu'on eut de plus en plus reconnu que les pertes avaient lieu d'après des lois fixes, dont la nature est sans doute encore inconnue, mais qui agissent si régulièrement que d'après l'étendue des pertes passées, on peut préjuger les pertes futures d'une manière certaine; alors on commença à prétendre à des observations exactes qui permissent de fixer la mesure des dangers garantis par l'assurance. Nous ne chercherons pas à prouver cette vérité, c'est que plus on peut fixer la mesure des dangers possibles, plus l'assurance se trouve placée à un point de vue élevé. Dans les assurances à prime fixe, la convenance du prix, c'est-à-dire la régularisation exacte de la prime, est seule en état d'abord de fournir aux assurés la juste compensation qu'ils peuvent exiger, et ensuite de garantir à l'établissement d'assurance ce caractère de stabilité dont il a besoin avant tout pour remplir sa tâche. L'établissement qui veut lever les primes d'après le principe d'une distribution postérieure des pertes sur les intéressés réciproques, n'a pas besoin, il est vrai, de connaître les pertes probables; mais tout ce principe appartient à l'assurance primitive, c'est une espèce de pis-aller sorti par manque de bases statistiques, et ayant pour conséquence inévitable les inconvenances les plus diverses. Sous ce rapport, il suffira de rappeler combien peu pratique est cette méthode de primes, là où, par ex. dans les assurances sur la vie, la compensation doit se répartir sur une longue série d'années, ou là où il s'agit d'un nombre de faits insuffisant pour permettre d'attendre des résultats à peu près homogènes dans une période d'une année.

L'assurance devrait bientôt reconnaître que la statistique est une science dont la méthode et les résultats sont pour elle d'une haute importance. Dans les matériaux obtenus par les relevés statistiques elle trouve les bases dont elle a besoin pour l'appréciation des dangers qu'elle assure; et c'est d'après cela qu'elle organise ses primes. L'assurance suit donc les progrès de la statistique avec la plus grande attention, car non seulement celle-ci est pour elle un sûr indicateur, mais elle lui ouvre une voie toute nouvelle.

Mais l'assurance ne peut pas se contenter d'emprunter à la statistique ce que celle-ci lui offre. Elle a ses vœux et ses exigences précises, elle demande que la statistique s'occupe de ses besoins. En a-t-elle le droit? Votre rapporteur croit pouvoir répondre par l'affirmative.

Les exigences que l'assurance adresse à la statistique sont de deux sortes:

Ainsi que nous l'avons dit, l'assurance a besoin des relevés statistiques, afin de trouver la mesure des dangers contre lesquels elle garantit. Or il est dans la nature des choses que cette mesure ne soit jamais absolue. Elle consiste au contraire en un nombre relatif, en une comparaison entre le nombre des objets assurés exposés aux dangers dont il est question, et ceux qui en ont été frappés. Il en ressort que les relevés statistiques qui s'appliquent exclusivement à l'observation d'un état spécial ne peuvent être mis à profit par l'assurance que si elle réussit à fixer aussi l'autre nombre nécessaire pour former le rapport, soit qu'elle y réussisse d'une autre manière.

Le second point sur lequel l'assurance a le droit de s'adresser à la statistique, c'est la classification des objets relevés. Elle exige que les objets réunis par la statistique dans une rubrique ne permettent aucunes subdivisions, qui pourraient fournir, dans des relevés spéciaux, des résultats tout à fait différents pour la mesure des dangers. On ne répondra à ses besoins que lorsque la classification de la statistique sera encore plus étroite que celle de l'assurance; car cette science ne prépare le développement futur de l'assurance que lorsqu'elle fonde de nouvelles subdivisions avec de nouvelles séries de primes.

Si p. ex. l'assurance sur la vie, à l'exception de quelques professions qu'elle regarde comme exposées à une mortalité anormale, n'a aucun égard à la vocation des assurés et ne les classe dans leur état actuel que d'après l'âge, alors la statistique de la mortalité n'aurait pas besoin, dans l'intérêt de l'assurance actuelle de la vie, de créer des subdivisions particulières dans les diverses séries d'âges. Mais si elle le fait déjà, si elle essaie de fixer la mortalité de l'homme d'après la position sociale et la vocation, elle prépare à l'assurance sur la vie un avenir dans lequel la prime dépendra non seulement de l'âge, mais aussi de l'occupation.

Mais si la statistique voulait embrasser des séries décennales dans un relevé de la mortalité, ces nombres seraient perdus pour l'assurance. Si la statistique constate dans quel rapport se sont trouvés les bâtiments à ceux incendiés dans le courant d'une année, la désignation de bâtiments est trop large. Les assurances contre l'incendie qui depuis longtemps ont formé de nombreuses subdivions parmi les bâtiments, selon l'architecture et la toiture, selon l'industrie qui y est exercée, selon les dangers plus ou moins grands du voisinage, et ont attribué à chacune de ces subdivions une certaine somme de dangers, ne tireraient qu'un fort mince profit d'une statistique qui ne mentionnerait pas ces subdivisions. L'assurance maritime a aussi une grande quantité de classes, tandis que les autres branches d'assurance n'en ont qu'un plus petit nombre. Aussi la statistique aura-t-elle de plus grandes difficultés à surmonter, pour rendre service à l'assurance contre l'incendie ou à l'assurance maritime, que pour les autres branches d'assurance, et en général il sera impossible de désigner la limite à laquelle la statistique pourra s'arrêter pour satisfaire aux exigences des diverses branches d'assurance. Cela dépendra plutôt, d'un côté du caractère de chacune des branches d'assurance, de l'autre du plus ou moins de difficultés que causeront les relevés exigés, et enfin il faudra voir jusqu'à quel point des relevés, qui se font en tout cas, pourront peut-être, en complétant quelques rubriques ou avec quelques modifications, être aptes à répondre aux exigences des établissements d'assurance.

D'après les observations, sans doute purement aphoristiques qui précèdent, votre rapporteur a l'honneur de recommander au Congrès les résolutions suivantes:

»Considérant, que le système des assurances a grand besoin de l'aide de la statistique pour arriver à son développement complet,

que la grande importance économique des assurances exige qu'on leur apporte tous les secours possibles:

Le Congrès international de statistique déclare qu'il est à souhaiter qu'on ait égard dans les relevés statistiques aux besoins des assurances.«

II. Qu'est-ce que la science et l'administration sont en droit d'exiger quant à l'apport des dates purement statistiques des différentes branches d'assurance?

Il saute aux yeux, quand on considère l'extension qu'ont prise les assurances, que les institutions d'assurance elles-mêmes doivent être en possession d'un matériel abondant, qui bien employé et mis au jour, est apte à contribuer à la solution des questions pendantes dans les établissements d'assurance, comme à celle des questions posées par la science et par l'administration. Il s'entend de soi-même que les établissements d'assurance sont plus capables que qui que ce soit de faire et d'enregistrer, dans l'intérieur de leur cercle d'affaires, toutes les observations ou les relevés propres à fournir les chiffres qui donnent la mesure des dangers.

Il est hors de doute que les établissements d'assurance ont déjà fait jusqu'à présent de pareilles recherches, et là où cela n'a pas eu lieu, il est à présumer que cela provient de ce que les nombres à recueillir n'étaient pas suffisants pour donner la mesure des dangers. Mais quelque grand que soit le cercle d'activité d'une compagnie d'assurance, ses propres expériences, surtout lorsqu'elles se répartissent sur un très-grand nombre de classes, n'auront qu'une valeur très-relative, tant qu'elles n'auront pas été comparées avec des objets analogues, et acquis ainsi toute leur signification. Il s'agit donc de recueillir et de mettre à fait ce matériel statistique. Si l'on a besoin d'une preuve pour se convaincre des résultats d'un pareil procédé, on n'a qu'à consulter les tables de mortalité dressées et calculées par 17 sociétés anglaises, travail qui, a plus d'un point de vue, peut être considéré comme un modèle.

De ce point de vue et dans l'intérêt de la solution des questions d'assurance, il est absolument nécessaire que la statistique appliquée par les diverses sociétés d'assurance ou plutôt celle dont elles sont capables, en vertu de leurs affaires, ne reste pas plus longtemps enfouie dans leurs archives, mais qu'elle soit livrée à la publicité.

Votre rapporteur croit d'autant plus pouvoir présenter ce vœu au Congrès, que le matériel en question est capable de fournir la solution de plusieurs questions importantes en statistique et en administration, et qu'il s'agit avant tout ici, de fixer le système qui doit servir de base aux relevés statistiques dont il est question. L'assurance considère les dangers auxquels la vie, la santé et la propriété sont exposées; mais on ne peut douter que la mesure de ces dangers, même si elle est aussi soulevée par les sociétés d'assurance, ne soit tout aussi importante pour la science et l'administration, et qu'au nom de ces dernières on n'ait pas aussi travaillé à sa détermination.

De plus il faut rappeler que la connaissance de la somme des assurances stipulées, ou plutôt la comparaison de la propriété assurée avec celle qui ne l'est pas, donne la mesure du degré de prévoyance d'un peuple, et qu'un changement dans ce sens donne une occasion importante de porter un jugement sur les circonstances dans lesquelles un pays se trouve.

Si l'on passe aux branches d'assurance spéciales, on verra bientôt qu'une foule de questions peuvent y être résolues à l'aide de leur statistique. N'est-il pas évident que l'utilité des règlements de police sur l'assurance contre l'incendie doit se refléter dans la statistique de cette assurance? et plus encore, que dans beaucoup de cas la statistique rend évidente la nécessité de telle ou telle ordonnance. Si par exemple une statistique bien ordonnée prouvait que la plupart des incendies atteignent les raffineries de sucre à cause du charbon qui s'y ranime, on éviterait de nombreux sinistres en ordonnant d'isoler cette branche de travaux des autres. Combien de questions concernant la navigation pourraient être résolues avec sûreté par la statistique des assurances maritimes, tandis que maintenant on est forcé de se contenter d'appréciations et de présomptions!

Pourtant ces points de vue que l'on pourrait multiplier à volonté comportent, on ne peut se le dissimuler, une foule de spécialités et de singularités trop nombreuses pour donner lieu à des relevés statistiques réguliers. Avec la statistique on court sans cesse le danger de se perdre dans le domaine de questions intéressantes par elles-mêmes, et dans la subdivision pour les assurances, comme dans les autres, il faut savoir se restreindre aux choses praticables et momentanément indispensables, et ne pas perdre de vue que, si l'on faisait des prétentions exagérées aux sociétés d'assurance, elles ne pourraient y satisfaire que par l'emploi de moyens extraordinaires. Quelques données typiques et exactes sur ce domaine devront suffire, et des observations régulières et constantes ne peuvent s'attacher qu'aux rapports les plus simples, après quoi l'on pourra recueillir tantôt ici tantôt là des données plus spéciales. Il s'entend que ces relevés seront faits avec méthode et que pour devenir vraiment utiles il devront être publiés.

On ne peut croire que les établissements d'assurance se refuseront longtemps à répondre aux formulaires nécessaires à leur statistique, pour le but que nous avons indiqué. De même que dans d'autres domaines la statistique a obtenu ce qu'elle demandait, et s'est conciliée ceux qui d'abord s'étaient déclarés ses ennemis, par la publication de justes idées sur sa nature, son but, et son utilité, de même, dans le domaine des assurances, elle ne tardera pas à atteindre le même but par les mêmes moyens, d'autant plus qu'il s'agit ici d'une branche d'affaires qui repose essentiellement sur la statistique et qui reconnaîtra d'autant mieux la nécessité de ses relevés. Sans donc nous laisser arrêter par ces scrupules, nous nous contenterons de quelques observations sur ce point.

Il ne faut pas méconnaître que l'assurance a ses secrets, dans lesquels il n'est pas question de pénétrer. On remarquera aussi que l'assurance est spéculative, comme les autres affaires, et que la statistique ne peut songer à lui enlever ce caractère. De même que le négociant doit avoir égard dans ses entreprises à d'autres considérations qu'à celles que lui fournit la statistique commerciale, quelque complètes qu'elles soient, de même l'assureur, outre la statistique qui lui sert d'indicateur, fera valoir, avant tout, ses facultés personnelles. Un nivellement par la statistique de tous les établissements d'assurance, outre qu'il serait impraticable, ne peut être ni le plan, ni l'intention de ses relevés.

Aussi les établissements qui font de grandes affaires, et dont la statistique privée se meut dans de tels chiffres qu'on peut les considérer comme typiques, ne peuvent regarder comme un sacrifice l'échange de leurs dates avec celles des autres établissements, ni craindre que cette échange puisse nuire à leurs affaires. Aucun établissement n'est si grand qu'un échange ne puisse lui être avantageux; car en revanche de la communication de ses documents, il reçoit ceux de tous les autres. C'est pour lui le seul moyen de contrôler et de vérifier ses résultats, et comme il ne s'agit point de la publication d'anciennes expériences, peut-être cher payées, mais bien des nouvelles, il est très-possible que les établissements plus jeunes et moins considérables viennent éclairer les parties sombres du tableau. D'ailleurs quels scrupules pourrait-on opposer aux demandes de la science et de l'intérêt public, du moment qu'elles renonceront absolument à toute mesure de rigueur? La publication du matériel statistique en fera un bien commun, et de nombreux travailleurs le réaliseront de toute manière, au bénéfice pour tous les intéressés.

Une foule de questions statistiques, à quelques égards indépendantes de ce qui précède, se rapportent à l'assurance considérée comme affaire de spéculation. L'administration a le plus grand intérêt à leur solution, de même que la science. Pour compléter le tableau statistique d'un pays, il faut savoir quel est le capital employé à satisfaire aux divers buts des assurances, comment il est placé, quels sont les résultats de l'exploitation, et de quelle manière les sociétés d'assurance arrivent à remplir leurs engagements. Ce sont des questions auxquelles les établissements d'assurance répondent, dans leurs bilans, d'une manière plus ou moins satisfaisante, et qui, déjà d'ancienne date, ont été livrées à la publicité, du moins en partie. Mais cela a eu lieu de tant de manières différentes, que la comparaison de ces diverses dates est à peu près impossible, et dans la plupart des cas le matériel publié a si peu épuisé le sujet, qu'il faudrait dresser des demandes spéciales sur chacune de ces branches d'assurance. On se demande s'il ne serait pas plus pratique de porter la régularisation de ces affaires devant un autre forum que le Congrès de statistique; car quelqu'importantes que soient ces affaires pour la statistique, il y aurait beaucoup de points de vue économiques et juridiques à prendre en considération, qui ne peuvent être réglés par les résolutions d'un Congrès de statistique, et tandis qu'à ces points de vue c'est le fond qui devrait dominer, la statistique ne ferait guère prévaloir que la forme.

Les formulaires les plus pratiques pour le relevé de la statistique des assurances se modifieront de diverses manières d'après les différentes branches d'assurance, et pourront être traités l'un après l'autre dans les délibérations qui auront lieu sur celles-ci. Ensuite des points de vue que nous venons de développer, nous recommandons la résolution suivante:

»Considérant, que les établissements d'assurance sont tout particulièrement aptes à communiquer des renseignements statistiques du domaine de leur cercle d'activité,

»Considérant que la collection, le groupement et la publication de ce matériel statistique peut contribuer puissamment à la solution de questions importantes pour la science, l'administration et les établissements d'assurance eux-mêmes,

Le Congrès international de statistique recommande le relevé de ces renseignements.«

III. **Quels sont les éclaircissements sur la situation financière des sociétés d'assurance que les assurés doivent exiger d'elles?**

Votre rapporteur ne croit pas se tromper en reconnaissant dans cette question l'intention d'engager le Congrès international de statistique à prendre une résolution en vertu de laquelle le public assuré ait le droit d'exiger des établissements d'assurance un bilan annuel détaillé, dressé d'après les principes les plus exacts, et dans une forme qui lui permette de se former un jugement sur le degré de sûreté que présente la société d'assurance. Quelque désirable qu'il fût de prouver un pareil droit, cependant l'avis de votre rapporteur est que l'assuré ne peut par lui-même exiger que l'exécution des conditions stipulées dans son contrat, et comme celui-ci en appelle aux statuts, que l'exécution des dispositions des statuts sur cette matière. En tant qu'il a contracté volontairement avec la société sur la base de ces dispositions, il ne peut exiger davantage, et comme le public a le choix de contracter avec une compagnie ou non, il a ainsi entre les mains les moyens de la forcer à la publication complète et claire du résultat de ses opérations.

Quant à la publication des dates, et au refus éventuel de les livrer, la proposition faite au chapitre II. de ce rapport suffirait aux exigences que le public pourrait élever dans ce sens.

Lorsque l'Avant-Projet (p. 74 et suiv.) expose d'une manière frappante sans doute, la situation peu claire qu'a prise le droit public vis-à-vis des assurances, et prévoit le temps où les assurances formeront une industrie libre, il réserve en même temps l'obligation légale de publier, de la part des assurances, les dates qui sont de nature à permettre aux assurés un jugement sur les affaires et les finances de l'établissement. En tous cas les partisans de cette exigence avoueront qu'il y a beaucoup à objecter contre cette mesure, et sans doute ils ne rendront pas la statistique responsable de leur opinion. Seulement votre rapporteur fera observer qu'à Hambourg et dans le Holstein et le Schleswig, où l'assurance est une industrie parfaitement libre, l'état de ces établissements n'est pas plus mauvais que dans les pays où ils sont soumis à un grand nombre d'obligations restrictives. Cette question a déjà été traitée dans le chap. II.; il resterait à examiner si la statistique doit créer une forme, qui empêche qu'au moyen de chiffres habilement groupés les entrepreneurs d'assurance puissent faire illusion sur leurs ressources et cacher leur situation réelle. Cependant il est très-problématique qu'on puisse atteindre un pareil but par un moyen de forme, et s'il n'est pas nécessaire de fixer sur ce point des principes dont les bases seraient en dehors du domaine de la statistique.

IV. Quelles lois existent de fait dans les différents États sur les sociétés d'assurance, surtout quant à la publicité de leurs comptes et de leur situation financière? Quel effet produisent ces lois?

On a dû répéter à plusieurs reprises qu'il était désirable que les rapports entre les assurances et le droit public fussent réglés le plus tôt possible; la question est à l'ordre du jour non seulement en Allemagne, mais aussi en Angleterre, ce qui nous permet d'examiner ce que la statistique pourrait faire dans l'intérêt de cette solution. Mais s'il s'agit d'apporter des changements à la loi, l'important sera de connaître les lois antérieures et leurs effets. C'est ce qui donnera la juste mesure des modifications à tenter. Comme on le sait, il n'existe encore nulle part de recueil complet de ces lois, recueil auquel l'Allemagne aurait un contingent nombreux et varié à apporter.

Mais lorsque l'Avant-Projet attire l'attention sur les lois qui régissent l'inspection de l'exploitation et la publicité des comptes, il convient d'examiner la législation à un point de vue beaucoup plus large, en ayant égard principalement à son effet. A cet effet, les lois qui ont le plus d'influence sont celles:

a) concernant la fondation soit la concession de compagnies d'assurance dans le pays,
b) concernant l'autorisation accordée à des compagnies d'assurance étrangères,
c) concernant la concession d'agences d'assurance pour les compagnies autorisées,
d) concernant l'inspection de l'exploitation,
e) concernant la publicité des comptes des établissements d'assurance,
f) concernant l'imposition de l'assurance (timbre-impôts, etc.).

Mais la manière d'exécuter la loi est tout aussi importante à considérer, quant à son effet, que la loi elle-même. Le changement d'effet par changement de cause est ce qu'il y a de plus propre à faire apprécier l'effet lui-même, et c'est pourquoi il faudrait étendre une enquête exacte jusqu'aux modifications que la législation a subies depuis dix ans, et qui se sont fait valoir dans sa déclaration. Il faudrait dresser un pareil tableau, par pays, pour chaque branche spéciale d'assurance.

Le mouvement des assurances et des établissements d'assurance ne pourra pas, il est vrai, ressortir seulement de l'effet produit par la législation, parce qu'une foule d'autres intérêts variés sont ici en jeu et rendent fort difficile par leur complication la connaissance de l'effet des diverses causes. Mais il faudrait reconnaître ces effets, si tant est que la législation exerce une influence réelle. Pour les constater il faudrait faire un second relevé, dressé aussi à part, par pays et pour chaque branche spéciale d'assurance, en ayant égard

1. à l'état de l'assurance aux deux termes opposés de la période observée,
2. à l'état et au mouvement des divers établissements d'assurance dans la même période.

Si l'on voulait relever ces dates pour toutes les compagnies d'assurance dans tous les pays, les résultats démontreraient de la manière la plus précise que les restrictions légales, dont l'effet est désagréable, à tout égard, à l'administration, aux établissements d'assurance et au public, n'ont procuré ni un appui aux assurances contre des abus de la part du public, ni une protection au public contre des établissements d'assurance sans solidité, et qu'en somme elles n'ont fait que contrarier le progrès des assurances. Pourtant ce résultat négatif est à peu près tout ce qu'on pourrait constater, parce que l'effet de ces dispositions légales est caché par tant d'autres influences, que leurs désavantages positifs qui se manifestent de divers côtés, mais se refusent pour la plupart aux relevés statistiques, ne sont pas pleinement éclaircis. On se demande donc s'il vaudrait réellement la peine d'établir une enquête statistique pour répondre à la demande No. IV. de l'Avant-Projet.

V. et VI. L'institution générale des départements d'assurance tels qu'ils existent dans l'Amérique du Nord, et dont l'activité principale consiste à recueillir, examiner et publier les rapports et comptes des sociétés, parait-elle recommandable? Ou bien serait-il mieux d'établir par les sociétés elles-mêmes un comptoir central d'assurances?

Dans plusieurs endroits de ce rapport on a déjà attiré l'attention sur l'extrême difficulté et l'audace de la part de la statistique, d'entreprendre seule la régularisation des institutions d'assurance vis-à-vis de l'administration et du public.

A plus d'un point de vue, l'assurance prend, parmi les établissements économiques, une place à part. Non seulement son mécanisme est des plus compliqués, mais il exige encore des connaissances techniques qui rendent fort difficile un jugement sur sa situation financière et son degré de sûreté, même à l'aide des dates statistiques les plus détaillées. La circonstance surtout que les établissements sont utilisés par la classe pauvre et peu éclairée de la population aussi que par des personnes compétentes, amène forcément cette question: faut-il adopter des mesures, et lesquelles, pour garantir par l'État au public une protection contre l'exploitation exagérée des sociétés d'assurance? Des gens ne sachant ni lire, ni écrire, entrent par la caisse mortuaire (Sterbecasse) dans l'assurance sur la vie, et leur petite fortune est assurée contre l'incendie. On comprend que ces gens-là n'aient aucun jugement sur le degré de sûreté qu'ils acquièrent en payant leur prime, même si l'établissement leur ouvrirait ses livres, mais on se tromperait si l'on croyait que le nombre est grand de personnes capables de juger d'après les livres de la position financière d'une grande compagnie d'assurance. Le technicien lui-même, sans la connaissance du matériel complet, ne prononcera qu'un jugement relatif. Ainsi il s'explique facilement comment on en vient à la pensée de faire reposer sur l'État le devoir d'apprécier les intérêts de ses administrés et de n'autoriser que les institutions qu'il tient pour bien situées. La science de l'économie politique a prouvé, que la liberté est le suprême bien, aussi dans le domaine économique, et qu'on agit contrairement au bien général, en l'écartant ou en lui opposant des entraves, sous prétexte d'en éviter l'abus. Il s'entend que la plus complète liberté, loin d'exclure la punition des abus, la légitime. Mais quant à savoir jusqu'à quel point notre juridiction criminelle actuelle atteint les trop nombreux cas de tromperie dans le domaine économique, c'est une autre question, qui en tout cas ne peut faire l'objet d'une discussion du Congrès de statistique. Ces réflexions même n'auraient point pris place dans le rapport présent, si l'Avant-Projet n'avait élevé à propos de la cinquième question, en paranthèse, les institutions existant dans quelques États de l'Amérique du Nord. Comme on le sait, ces départements d'assurance de l'Amérique du Nord possèdent une grande compétence de police sur les sociétés d'assurance et peuvent même en ordonner la clôture. Un pareil ordre de choses ne sera jamais désirable. D'ailleurs il n'y a pas de doute que la question: quelle autre action qu'une action statistique pourrait être accordée aux départements d'assurance, si on les instituait? n'est point du ressort du Congrès de statistique; celui-ci ne pourrait conseiller cette institution qu'au point de vue de la statistique, et toute autre intention doit lui rester étrangère. Aussi la question de savoir s'il serait en général désirable d'attribuer aux départements d'assurance une autre action qu'une action statistique, et en quoi elle devrait consister, n'a point à être examinée ici, et il ne s'agira que de savoir si l'acquisition du matériel statistique dont nous avons parlé aux chapitres I. et II. rendrait désirable l'institution de ces départements. Mais quel triomphe ne serait-ce pas pour la science si l'expérience prouvait que la publication de relevés statistiques exacts, et la conscience générale de leur utilité, rend les mesures de police tout à fait inutiles dans ce domaine!

Dans le premier et le second chapitre de ce rapport il est recommandé:

a) d'entreprendre des relevés périodiques en général et dans les établissements d'assurance en particulier, afin d'en tirer la juste proportion des dangers auxquels la vie, la santé et la propriété sont exposées, ensuite

b) des relevés du matériel statistique des établissements d'assurance, propres à aider à la solution de questions spéciales de la science et de l'administration, et enfin

c) des relevés statistiques sur l'état financier et le résultat de l'exploitation des institutions d'assurance.

On se demande tout d'abord qui sera chargé de résoudre ces problèmes, et ici il y a trois routes à suivre. D'abord il faudrait songer à renvoyer ce travail aux bureaux de statistique. Mais s'il s'agit non seulement de rassembler ces matériaux, mais de les coordonner, alors il vaudrait peut-être mieux ne pas en charger les bureaux de statistique déjà comblés de travaux, d'autant plus qu'il s'agirait d'un travail nouveau exigeant beaucoup de temps et des connaissances spéciales qu'on n'est pas en droit d'exiger de tous les bureaux de statistique. Ces travaux exigent non seulement l'initiation la plus entière aux affaires d'assurance, mais, comme il s'agit de mettre en œuvre les matériaux statistiques pour obtenir une mesure exacte, les connaissances mathématiques les plus sûres. Chose remarquable! les mathématiques qui semblent être la science la plus apte à venir en aide à la statistique, est plus ou moins négligée par les statisticiens, et c'est pourquoi on a pu dire qu'au moyen de la statistique on pouvait prouver les choses les plus absurdes. D'ailleurs faut-il, ici surtout, travailler exactement et scientifiquement déjà au commencement des travaux.

La seconde route à suivre, route qu'indique l'Avant-Projet dans sa sixième question, consisterait à charger des travaux en question les établissements d'assurance eux-mêmes, qui en concentreraient les résultats dans un comptoir central. Outre que, comme il s'agit d'une affaire internationale, cette voie serait difficile à suivre, il faut encore prendre en considération la situation des diverses compagnies d'assurance entr'elles. On ne peut guère les comparer aux compagnies de chemins de fer; car tandis que celles-là travaillent plus ou moins les unes pour les autres et que la question de concurrence n'entre chez elles qu'en seconde ligne, c'est au contraire dans les sociétés d'assurance qui cultivent la même branche, un des éléments essentiels. On pourrait craindre aussi qu'un comptoir central, sans le vouloir sans doute, ne prenne plus de soin des intérêts des assurances, que de ceux des autres intéressés. C'est pourquoi votre rapporteur ne peut recommander cette voie.

Cependant tous ces inconvénients disparaîtraient, si l'on instituait des départements d'assurance en relation avec les bureaux de statistique, et composés de mathématiciens, de techniciens d'assurance et de statisticiens. Tous les travaux dont nous avons parlé pourraient leur être confiés, et si on les obligeait à publier les questions qu'ils adressent aux sociétés d'assurance, et non seulement les réponses, mais aussi le nom des institutions qui, soit positivement soit par leur silence, auraient refusé d'y répondre, le public serait mis sans doute à même de juger d'une manière bien plus complète la situation financière des établissements d'assurance, que cela n'a pu avoir lieu avec les dispositions prises jusqu'à présent. Afin de conserver ici le point de vue statistique et de ne pas porter préjudice à une institution vis-à-vis d'une autre, il faut décider que toutes les questions à adresser aux institutions d'assurance seront adressées en même temps, et par la même voie, à toutes les institutions d'une même branche.

En s'appuyant sur ces motifs, le rapporteur de la cinquième section de la Commission préparatoire croit pouvoir recommander au Congrès international de statistique l'approbation des résolutions suivantes:

»Pour l'exécution des travaux statistiques indiqués dans les résolutions I. et II., le Congrès international de statistique recommande la création de départements d'assurance spéciaux, en relation avec les bureaux de statistique, et composés de mathématiciens, de techniciens d'assurance et de statisticiens, qui seraient autorisés à prendre toutes les informations qu'ils jugeraient nécessaires sur la position financière et l'exploitation des sociétés d'assurance (qu'elles soient publiques, mutuelles, par actions, mixtes ou privées) établies dans le pays, et de leur adresser ces questions avec cette restriction, c'est qu'elles seront adressées en même temps et par la même voie à tous les établissements de même branche, avec l'obligation de publier les questions posées et les réponses reçues.«

Hambourg.

Le rapporteur:

W. Lazarus.

Assurances sur la vie humaine*).

On entend par assurances sur la vie toutes celles qui ont pour but de garantir une indemnité pour les pertes ou les besoins économiques, en tant que ces pertes ou ces besoins sont causés par un évène-

---

*) Le rapport allemand est rempli de termes techniques. Il se peut bien qu'ils ne soient pas rendus par les termes de l'art correspondants; mais pour cela il aurait fallu d'un traducteur connaissant les assurances sur la vie humaine par une aussi longue expérience que l'auteur du rapport allemand même. La rédaction.

ment qui anéantit la vie d'un homme, qui la rend improductive d'une manière durable ou passagère, ou par l'accomplissement d'un certain âge.

La branche d'assurances sur la vie humaine exige de la statistique une réponse exacte aux indications suivantes:

A. Sur la hauteur et le mouvement du taux de l'intérêt pour les lettres de change, emprunts sur hypothèques ou lombards, dans les divers pays et dans les diverses provinces de chaque pays, en compte-rendus périodiques se renouvelant au moins tous les cinq ans.

B. Des relevés se renouvelant au moins tous les cinq ans, sur chaque commune, cercle, province ou État, sur:

1. Le nombre des personnes vivantes, en ayant surtout égard:
   a) à l'âge par l'indication de l'année de naissance, et au mois, jusqu'à la seconde année accomplie, (ainsi, non d'après les classes d'âge de plusieurs années) avec les subdivisions suivantes:
   b) au sexe,
   c) à l'état, vocation ou profession,
   d) à l'invalidité, eu égard à son degré (incapacité de travail complète ou partielle), à ses causes, à sa durée, à l'âge, au sexe et à la profession de l'invalide,
   e) au nombre des personnes à ajouter dans le courant de l'année à la population déjà existante, c'est-à-dire:
      α) par naissance — eu égard au sexe,
      β) par immigration, — avoir égard aux rubriques 1. a — d,
   f) au nombre des personnes émigrées dans le courant de l'année, — avoir égard aux rubriques 1. a, b, c, d.

2. Le nombre des personnes décédées dans le courant de l'année, en ayant surtout égard:
   a) aux rubriques 1. a — c pour chaque personne,
   b) aux mois de l'année, dans lequel le décès a eu lieu,
   c) à la cause qui a amené le décès.

3. Le nombre des personnes frappées d'un accident pendant le courant de l'année, en ayant égard:
   a) aux rubriques 1. a — d,
   b) à la cause de l'accident,
   c) à son effet.

Les établissements qui exploitent cette branche d'assurance, sont en état et devraient être chargés de livrer régulièrement et de publier à la fin de chaque année des renseignements sur les points suivants:

A. Questions concernant la mesure des dangers assurés par l'établissement:

1. Nombre des personnes (eu égard à la mortalité, à l'état morbide et à l'invalidité), qui
   a) restent assurées au commencement de l'année,
   b) sont assurées à nouveau dans le courant de l'année,
   c) quittent l'assurance dans le courant de l'année, par décès ou autres causes; — dans le premier cas, indiquer la cause du décès,
   d) restent assurées à la fin de l'année, eu égard spécialement
   e) aux rubriques B. 1. a — c.

2. Nombre des personnes qui étaient en traitement pour maladies, pendant le courant de l'année, eu égard spécialement
   a) aux rubriques B. 1. a — c,
   b) aux diverses maladies,
   c) à la durée des diverses maladies,
   d) aux mois pendant lesquels a eu lieu la maladie,
   e) à la terminaison des diverses maladies,

f) au nombre de jours pendant lesquels une personne a été malade pendant le courant de l'année.

3. Nombre des personnes atteintes d'un accident pendant le courant de l'année, eu égard spécialement aux rubriques II. B. 3.

4. Nombre des personnes devenues invalides pendant le courant de l'année, eu égard spécialement:
a) aux rubriques II. B. 1. a—c,
b) au degré d'invalidité (incapacité de travail complète ou partielle),
c) à la cause de l'invalidité.

B. Questions dont la solution serait souhaitable pour obtenir la mesure des dangers, et pour quelques branches de la statistique.

1. Nombre des personnes assurées à primes élevées à cause de risques anormaux, avec l'indication de la cause qui a motivé l'élévation de la prime, et de l'élévation sur la prime normale, pour les rubriques: A.

2. Somme des quotités assurées pour les mêmes.

3. Distribution du nombre des personnes et des quotités assurées pour les divers États du cercle d'exploitation de l'établissement, pour les mêmes rubriques.

4. Somme des quotités payées à l'établissement pendant le courant de l'année, pour les diverses branches d'assurance, divisées d'après les divers États sur lesquels ces quotités se répartissent.

5. Taux de l'intérêt atteint par l'établissement pour ses différentes espèces de prêt spécialement, et la moyenne générale pendant le courant de l'année, d'après les divers États sur lesquels les intérêts se répartissent.

C. Questions concernant l'organisation de l'établissement, et auxquelles il faut répondre tous les cinq ans, en tant que des modifications auraient eu lieu depuis les premières réponses.

1. Époque de la fondation de l'établissement et du commencement de son exploitation, son siége principal.

2. Indication précise de toutes les branches d'assurance exploitées par l'établissement.

3. Indication du cercle exploité par l'établissement.

4. Si l'établissement a été fondé par actions, s'informer:
a) si les actionnaires, ont consacré, en cas de besoin, leur fortune sans restriction à l'accomplissement des obligations de l'entreprise;
b) ou s'il y a restriction, et en quoi elle consiste;
c) du montant réellement versé du capital, avec l'indication exacte du nombre d'actions dont il se compose, du montants nominal et payé comptant par action, de plus, quelles garanties ont donné les actionnaires pour la partie non payée comptant de leurs actions, quel nombre d'actions le statut permet de réunir entre les mains d'un seul actionnaire, et combien d'actionnaires compte l'établissement;
d) du montant non encore dépensé, ou rentré dans la possession de la société, du capital fixé par les statuts;
e) en cas que la société exploite différentes branches d'affaires: si le capital des actions est employé en entier à ces différentes affaires, ou s'il existe pour les diverses branches divers capitaux spéciaux, et dans quelle limite.

5. S'il est fourni pour les obligations de l'établissement une autre garantie que des actions, spécifier cette garantie et ses limites.

6. Si l'établissement repose sur la solidarité réciproque de ses membres, indiquer:
a) si les membres sont engagés sans restriction à répondre des obligations de l'établissement.
b) s'il existe une restriction, et laquelle?

7. Si l'établissement repose sur un mélange d'actions et de mutualité, indiquer les détails de cette situation mixte et la manière dont les droits et les devoirs sont répartis entre les actionnaires et les assurés.

Les sociétés d'assurance devront tenir des registres de l'état de la mortalité du ressort de leurs observations et les publier chaque année, afin de contribuer de leur côté à enrichir la statistique. On peut recommander dans ce but comme formulaire celui présenté en 1851 par M. Samuel Brown à l'occasion de la réunion internationale des notaires, parce qu'il a été éprouvé comme très-pratique. Il se divise en deux colonnes: l'âge, et l'âge d'extinction (en années). La première consiste dans les rubriques suivantes: la date de l'assurance, comment éteinte (remplie d'abord à l'extinction de la prime), durée de la police (id.), numéro de la police, montant de l'assurance, prime, sexe, profession, remarques. Pour l'âge d'extinction, on a: la date de l'extinction, comment éteinte, le numéro de la police, le montant, la prime, la cause du décès, remarques.

Quant à la collection du matériel statistique sur les dangers de maladie, on en est réduit surtout au matériel des nombreuses caisses et associations de malades, et en conséquence vos rapporteurs recommandent le relevé du matériel concernant les maladies, de la manière usitée en Angleterre et décrite en détail dans le livre bleu du 16 août 1853.

Quant aux renseignements à recueillir sur l'invalidité, on en réfère au traité cité du professeur Dr. Wittstein, avec la remarque qu'il serait à désirer qu'on établît des subdivisions d'après les classes de professions établissant une grande différence entre les manières de vivre des invalides.

Il y a encore un mot à dire des dates peut-être intéressantes pour l'administration, et qui représentent l'état financier et les résultats de l'exploitation. Vos rapporteurs ne pensent pas qu'il soit nécessaire d'exiger que ces dates soient si étendues, qu'elles puissent fournir la base d'un jugement sur le degré de sûreté que présente la compagnie, et cela parce que ce n'est pas du ressort de la statistique. Du reste l'examen de l'état financier d'une société d'assurance, d'après les comptes, n'est rendu possible même au technicien que sur la présentation du matériel complet qui forme la base du bilan. Et cet examen même, étant admise l'exactitude des chiffres accusés, ne fournit aucune garantie de la sûreté de l'établissement, attendu que l'important dans ces sortes d'opérations, c'est qu'il soit procédé, dans la prise des assurances, avec la plus grande compétence spéciale et une prudence éprouvée.

Enfin il faudra toujours supposer un haut degré de probité et de capacité chez le directeur d'un établissement, si l'on ne veut être forcé d'entrer pour chaque assurance dans les détails les plus minimes. Dans de telles circonstances il nous paraît hors de doute que l'exposition claire des principes qui dirigent l'établissement sera de nature à tranquilliser davantage l'assuré, que la communication de tant de chiffres dont la signification restera douteuse, même pour le technicien.

IV. Sur la question 3 (page 81) de l'Avant-Projet.

Si l'Administration pose à la Statistique cette question: quels renseignements sont indispensables pour faciliter au public un jugement sur la solidité des établissements d'assurance? nous proposons la réponse suivante:

que les établissements d'assurance (v. No. I.) soient tenus de publier régulièrement, à la fin de chaque année, ou du moins tous les 3 ou 5 ans, des renseignements exacts sur les points suivants:

A. Questions concernant l'organisation et la fondation de l'établissement.
1. Les points traités aux rubriques III. C. 1—7.
2. La loi, tirée des opérations statistiques, de la mesure des dangers assurés par l'établissement, et qui a servi de base au calcul des primes, ou des réserves. (Tableaux de mortalité, de morbidité, d'invalidité.)
3. Le taux de l'intérêt servant de base au calcul des primes ou des réserves. En outre indiquer spécialement de quel taux d'intérêt on se sert pour calculer la valeur de l'assurance (prime simple), et duquel pour taxer les primes futures.
4. La hauteur du supplément ajouté aux sommes résultantes des facteurs 2 et 3, pour le maintien de ces montants, que l'établissement lève comme primes sur les assurés.
5. Les primes employées par l'établissement sur les assurances courantes pour l'évaluation de ses obligations.
6. Indiquer: si les réserves sont calculées dans la supposition du paiement d'avance des primes pour toute l'année, où les primes à terme non encore payées passent pour différées;

ou bien si les parties des primes qui s'étendent jusque sur le prochain bilan, sont considérées comme »primes non méritées« et réservées comme transports de primes, et qu'en conséquence les réserves ne sont calculées que des parties de primes considérées comme méritées.

7. Indiquer, si dans le calcul des réserves, les assurances sont évaluées i s o l é m e n t ou p a r g r o u p e s, —

et pour les points 2 — 7, en tant que les mêmes normes ne sont pas employées pour toutes les espèces d'assurance exploitées, chaque espèce à part.

B. Questions concernant la situation des assurances:

1. Les points mentionnés No. III. A. 1., eu égard spécialement aux rubriques III. A. 1 a — e, et III. B. 1—4.

2. Liste des assurances restées valables à la fin de l'année, pour les différentes branches, avec indication
   a) de la date du commencement de l'assurance,
   b) de l'âge de l'assuré, ou de l'âge admis à cause d'un risque plus grand,
   c) de la somme assurée,
   d) de la prime de l'année, comme: IV. A. 5., ou bien de la prime et du mode de paiement, pour le cas où ce dernier n'est pas annuel,
   e) des transports de primes, ou des primes différées. (Voir IV. A. 6.)

   Si, comme cela arrive en général pour les assurances ordinaires sur la vie, les assurés sont groupés par classes d'âge, pour le calcul des réserves, il faut indiquer pour chaque classe d'âge, au lieu des points notés de a—e.: la somme des quotités assurées pour toute la classe d'âge, la prime annuelle (voir e.), les transports de primes ou primes différées.

3. Les points désignés sous III. A. 2.
4.   »   »   »   » III. A. 3.
5.   »   »   »   » III. A. 4.
6.   »   »   »   » III. B. 5, —

de 3 à 6 en ayant égard aux rubriques III. B. 1—3. et à l'explication spéciale des points suivants pour lesquelles quotités payables, le paiement a été refusé en tout ou en partie, et par quels motifs, pour quelles quotités le paiement a-t-il réellement eu lieu, pour quelles quotités le devoir de paiement de l'établissement est reconnu, sans que le paiement même s'en suive, pour quelles quotités il n'a pas encore été pris de décision, et pour quelles quotités l'établissement est couvert par une assurance antérieure.

7. Indiquer quel a été le rapport des opérations échues pour l'établissement, dans le courant de l'année, d'après 3—6 ci-dessus, eu égard au nombre de personnes, à leur sexe, à leur profession, et au nombre des quotités échues pour chaque année de vie, avec les opérations que l'établissement avait à attendre, à en juger par le calcul de ses primes ou de ses réserves, sur la base des tableaux statistiques. En outre indiquer spécialement quel est ce rapport pour les assurances conclues à prime augmentée pour cause de dangers extraordinaires. Ici, comme dans le calcul des réserves et dans la fixation du rapport général des véritables opérations avec celles auxquelles on s'attendait, il faut, à cause du plus grand danger, poser pour base un âge plus avancé; mais pour la comparaison (outre le calcul des réserves) il faut noter aussi le fait, en prenant pour base l'âge véritable.

C. Questions concernant l'état financier de l'établissement. Il est nécessaire que chaque établissement, à la fin de la première ou de la seconde année d'exploitation, publie son c o m p t e d e p r o f i t s e t p e r t e s (recettes et dépenses) et son bilan (actif et passif, ou doit et avoir). Pour ces deux comptes nous proposons les dispositions suivantes:

α. **Compte de profits et pertes pour l'année** ....

1. T r a n s p o r t d e l ' a n n é e p r é c é d e n t e.

a) B é n é f i c e net de l'année précédente, en tant que celui-ci n'a pas reçu une destination spéciale.
b) R é s e r v e s (somme totale des sommes réservées pour des quotités échues qui n'étaient pas encore réglées).

12 *

c) Somme *totale* des **dividendes destinés**, jusqu'à la fin de l'année précédente, à être distribués, mais non encore distribués jusqu'alors, et réservés à la fin de l'année, avec distinction:

α) des dividendes pour les **actionnaires**,

β) des dividendes pour les **assurés** — et pour chacune de ces deux divisions en distinguant de plus,

γ) de quelle année datent les parties de dividende non encore distribuées, et quelle année ils en sont venus à la distribution.

d) Somme totale des sommes réservées pour toutes les autres obligations de l'établissement, payables la nouvelle année, avec indication des quotités diverses.

2. **Recette de primes de l'année.**

a) **Recette effective des primes** avec séparation des diverses contributions pour les différentes branches d'exploitation exercées par l'établissement, et pour chacune des modalités d'assurance appartenant à ces dernières — et pour chacune de ces divisions, avec distinction de la quotité des primes pour les assurances d'ancienne date, et pour celles de la dernière année, ainsi qu'avec distinction des primes pour assurances directement conclues et réassurances, et pour les assurances conclues avec part au bénéfice de l'établissement et sans cette part.

b) **Augmentation des bons de primes** qui sont échues, pendant l'année courante, mais après la clôture du bilan (voir IV. A. 6) (cet article tombe lorsque les transports de primes sont comptés à part), séparés d'après les diverses branches d'assurance et les modalités de chacune d'elles.

3. Recette des intérêts, à part les contributions, qui sont tirés des diverses branches auxquelles est affecté le capital de l'établissement.

4. Recette de l'intérêt du **loyer et du fermage** avec indication de la propriété qui le fournit.

5. Paiements des **sociétés de réassurance** avec indication de leur destination.

6. **Autres recettes** (gain sur effets, pour police, cession d'actions ou de polices etc.) avec indication de leurs sources.

7. Eventuellement: Somme des pertes de l'année d'exploitation.

8. Somme totale des recettes.

II. Dépenses.

1. Pour les primes arriérées en conservant les divisions des recettes sous 2 a.

2. Pour contributions assurées échues.

a) Paiements exécutés dans le courant de l'année, avec séparation des quotités pour celles échues l'année précédente (réserves) et pour celles échues les autres années, avec division des contributions de chacune de ces deux divisions en chacune des branches d'assurance de l'établissement et de leurs modalités, avec distinction des assurances directes ou réassurances, et de celles contractées avec part au bénéfice, ou sans.

b) Somme à réserver à la fin de l'année pour contributions échues, dont le paiement n'est pas encore effectué, en conservant les divisions fixées sous a.

c) Frais de fixation et de règlement des demandes faites sur contributions assurées, en tant qu'ils n'ont pas été remplacés.

3. Retour de police, ou renonciation d'assurés, par branches d'assurance, et avec division des assurances directes et réassurances.

4. L'**élévation** exigée techniquement des **réserves de primes** sur la somme totale à la fin de l'année précédente, en conservant les divisions de recettes indiquées sous 2. a.

Si l'on compte à part les transports de primes (voir IV. A. 6), il faut traiter leur augmentation sur la contribution de l'année précédente avec la même spécification, comme dépense à part.

5. **Impôts à l'État ou à la commune.**

6. **Provisions payées aux agents.**

7. **Frais d'administration divisés en**

a) Traitement fixe des membres du conseil de surveillance (administration, direction).
b) Traitements et rémunérations des directeurs et employés.
c) Loyer.
d) Frais de voyage.
e) Port de lettres.
f) Frais d'insertion.
g) Frais d'impression, papier et fournitures de bureau.
h) Honoraires aux médecins.
i) Frais divers et petites dépenses.

8. Pertes dans le courant de l'année; leur espèce et leur montant.

9. Pour la distribution de dividendes fixes:
a) payement réel dans le courant de l'année,
b) réserve à la fin de l'année pour dividendes échus non encore relevés — et pour les deux, en conservant la division des dépenses: 1. c.

10. Amortissement: a) des ustensiles, b) du compte des frais d'organisation, c) autres.

11. Autres dépenses non mentionnées ci-dessus, en les spécifiant.

12. Éventuellement: Somme du bénéfice de l'année, avec division des divers buts auxquels il est destiné par les statuts, et des montants particuliers — (Réserve du capital, Tantièmes, Dividendes pour actionnaires et assurés.).

13. Somme des Dépenses.

Note. A chaque compte d'un établissement qui accorde à l'assuré une part du bénéfice, il faut joindre les renseignements exacts sur les points suivants:

1. Quelles dispositions contiennent les statuts sur la participation des assurés au bénéfice, et dans quelle forme les dividendes leur sont-ils à distribuer?

2. Le calcul d'après lequel, selon les dispositions du statut, est fixée la somme distribuée aux assurés, à la fin de l'année.

3. Dans quelle forme les assurés ont déclaré antérieurement vouloir recevoir les dividendes, avec division des montants dans les diverses formes; et les sommes, sur lesquelles les assurés n'ont pris encore aucune disposition.

4. De quelle manière les dividendes à distribuer dans les années antérieures ont été calculés, en tant que, d'après le vœu des assurés, ils ont servi à diminuer les primes, ou à élever les sommes d'assurance, ou à former un capital particulier; et quel a été l'effet de ces mesures sur le calcul des réserves de primes (IV. B. 2., et 4. des dépenses).

β. Bilan pour l'année .....

1. Actif.

1. Billets d'actionnaires.
2. Contenu de la caisse en argent comptant avec l'indication du lieu où il est déposé.
3. Billets de change dans la possession de l'établissement.
4. Bien-fonds de l'établissement. Il faut joindre au compte-rendu un bulletin du bien-fonds de l'établissement, d'où ressortent pour chaque possession: son espèce, le lieu où elle se trouve, son étendue, le prix d'achat, pour quel prix elle est assurée contre l'incendie, à combien s'est montée sa dernière taxation, par qui celle-ci a été faite, les charges qui pèsent sur elle, et la valeur de ces charges.
5. Inventaire.
6. Hypothèques inscrites pour l'établissement. Joindre au compte-rendu un bulletin des hypothèques de l'établissement, contenant: la somme de l'objet engagé par la société, la nature de cet objet; — si c'est une propriété rurale, son étendue, son prix d'achat (le dernier en...), la valeur taxée en indiquant l'auteur de la taxe; — si c'est une maison, la somme pour laquelle elle est assurée contre l'incendie, son dernier prix d'achat et sa taxe. Somme de l'hypothèque.

7. **Effets** avec indication de leur nature, et pour chaque espèce: la valeur nominale, le prix d'achat et le cours au jour où le bilan se fait.
8. **Prêts à gages.** Joindre au compte-rendu un bulletin de ces prêts, avec indication pour chacun: de son montant, du gage et de sa valeur. Le gage consiste-t-il en hypothèques ou en effets, il faut indiquer les données 6—7.
9. **Prêts aux assurés de l'établissement** avec indication de la valeur totale des polices engagées, le jour où le bilan est bouclé.
10. Somme de tous les autres **prêts** de l'établissement avec indication de chacun d'eux, des garanties offertes et de leur valeur.
11. **Intérêts arriérés** échus, mais non encore payés, avec indication des dispositions du capital qui ont causé l'arrérage.
12. **Intérêts arriérés** qui courent, mais ne sont pas encore échus.
13. **Primes différées** qui seront échues l'année suivante (IV. A. 6.).
14. **Primes échues**, différées aux assurés par l'établissement.
15. Actifs chez les agents de l'assurance.
16. Autres prêts avec l'indication de leurs diverses espèces et des affaires qui les ont causés.
17. Montant non encore éteint des frais d'établissement.
18. Autres actifs de l'établissement, en spécifiant leur nature et leur valeur.
19. Eventuellement: Perte de l'année.
20. Somme de l'Actif.

II.   Passif.

1. **Capital des actions de l'établissement.**
2. **Primes payées d'avance**, d'après les espèces d'assurance.
3. Réserve pour des contributions non encore payées, et qui sont échues (spécification aux dépenses 2 b.).
4. Somme totale des réserves de primes, avec maintien des divisions spécifiées aux recettes 2 a.
5. Eventuellement: Somme totale des transports de primes en conservant la même classification.
6. Somme totale des dividendes à distribuer, mais non encore levés (spécification aux dépenses 9).
7. Prêts de l'établissement avec désignation exacte de chacun.
8. Intérêts dus par l'établissement.
9. Autres **passifs**, en les caractérisant.
10. Somme totale de la réserve de capital.
11. Somme totale du bénéfice en réserve, d'où proviennent les dividendes à distribuer.
12. Eventuellement: Montant du bénéfice de l'année. (Dépenses 12.)

Questions 4—6 de l'Avant-Projet.

Quant aux questions de 4 à 6 de l'Avant-Projet, le rapporteur — en admettant que l'une ou l'autre sera adoptée, n'a aucune réponse spéciale à faire sur la branche de l'assurance sur la vie, attendu que ces questions doivent être traitées de la même manière pour toutes les branches d'assurance.

Stettin, fin juin.   **Dr. Amelung.**

Hambourg, fin juin.   **Wilh. Lazarus.**

L'assurance contre la grêle.

La plus grande partie des sociétés d'assurance contre la grêle, à moi connues, assurent les productions des champs; une ou deux seulement assurent aussi les jardins et les vitres. Je ne parlerai pas de cette dernière industrie que je ne connais pas. D'ailleurs aucun autre objet d'assurance contre la grêle ne peut entrer en rapport et en comparaison avec les productions des champs.

Les sociétés d'assurance contre la grêle reposent toutes soit sur le système des primes fixes, soit sur celui de la mutualité; le système mixte n'existe pas, à ma connaissance du moins, dans cette branche d'assurance.

Parmi les sociétés mutuelles, on peut distinguer celles qui travaillent avec diverses primes locales, et celles qui répartissent et tirent, d'après le même taux, l'argent dont elles ont besoin pour couvrir les frais des dommages, selon le rapport des sommes assurées. Cette différence me paraît remarquable en ce qu'elle constitue un degré différent d'intérêt de la part des diverses sociétés pour la mission et les résultats de la statistique.

Les deux premières questions que pose l'Avant-Propos de M. le Conseiller intime Dr. Engel (page 81), sont si intimément liées, pour la branche qui nous occupe, qu'on ne peut y répondre que simultanément.

Les demandes que cette branche aura à adresser à la statistique et vice versa pourront se résumer dans les points suivants:

a) Combien y a-t-il d'objets aptes à être assurés, et quelle partie de ces objets est assurée.

b) Recueillir le matériel nécessaire à l'appréciation des dangers possibles.

Les données à recueillir sur le premier point auraient pour but de fournir aux sociétés d'assurance contre la grêle des renseignements plus exacts qu'auparavant sur les terrains moins exploités auxquels elles pourraient vouer leur activité, et ainsi d'encourager leurs efforts et d'étendre leur cercle d'affaires. Si l'on poursuit ce but, ce n'est pas sur des pays ou des provinces entières qu'il faudra diriger l'attention, mais sur les détails, sur les petites circonscriptions, telles que cantons, cercles de justice de paix, etc.

En outre ces données doivent concorder pour la mesure, ou pour la monnaie. Cette condition renferme une difficulté très-grande pour les sociétés qui auront à répondre aux questions posées par la statistique, si celle-ci baserait ses relevés non sur la valeur, mais sur la mesure, et cela parce que toutes les sociétés d'assurance contre la grêle ne tiennent registre de la grandeur et de la distribution de leurs affaires, que d'après le montant des sommes. Il leur est difficile d'abandonner ce système, car il est indispensable à la fixation des primes; elles devraient donc, à côté des registres des valeurs assurées, en tenir d'autres sur les quantités assurées, dont la tenue leur serait aussi difficile, si ce n'est beaucoup plus encore, que celle des autres. La cause de cette difficulté et de ce travail, c'est que la diversité des systèmes de mesure qui, avec ou sans l'autorisation des Gouvernements, se maintiennent toujours en usage, est plus grande que celle des monnaies, ce qui nécessiterait une réduction des diverses mesures en une seule. La liste des plus hauts prix auxquels, cette année, des assurances ont été acceptées par la Société berlinoise d'assurance contre la grêle, ne peut prétendre à être complète, ainsi que le montre la pratique de chaque année, et cependant elle ne donne, pour chacun des huit principaux objets d'assurance, pas moins de 35 mesures différentes en Allemagne.

Quant à recueillir le matériel nécessaire pour l'appréciation des dangers possibles, second point des exigences que la statistique et les assurances contre la grêle peuvent mutuellement s'adresser, il faudrait distinguer le danger qui ressort de la nature de l'objet, de celui qui depend du lieu qu'occupe l'objet assuré.

Ce qui donne la mesure du premier, c'est: la plus ou moins grande susceptibilité de chaque espèce de fruits vis-à-vis de la grêle; la période plus ou moins longue de végétation, et ainsi le plus ou moins de durée de risque qu'elle offre, la plus ou moins grande difficulté qu'il y a d'apprécier le dommage véritablement causé par la grêle etc. C'est à cause de ces différences que toutes les sociétés d'assurance contre la grêle partagent les diverses espèces de fruits en diverses classes, appelées par les sociétés par actions »classes de danger«, et qui fournissent un facteur aux primes, tandis que le degré de danger local, appelé »l'échelle des dangers«, forme le second et le plus important facteur, autant du moins qu'il ne s'agit pas d'une compagnie qui ne reconnaît aucune différence du danger local et n'en tient pas compte. Le groupement des diverses classes de dangers repose sur des opinions agricoles générales, peut-être sur des observances, et ne peut faire l'objet de relevés statistiques.

Mais en revanche la statistique du danger local de la grêle ouvre aux recherches scientifiques un vaste champ sur lequel je ne sache pas qu'on ait jusqu'à présent fait des recherches fructueuses.

Les sociétés d'assurance contre la grêle ont, à plusieurs reprises, cherché et cherchent encore à tirer des probabilités de la situation du lieu, du voisinage de fleuves, de forêts, de marais, du bord de la mer, des hauteurs ou des profondeurs, mais je n'ai pas entendu dire qu'on en ait tiré des résultats pratiques. Les sociétés y ont été tôt ou tard trompées, ainsi qu'il en arrive des traditions météorologiques des habitants de la campagne. Il est possible que des circonstances exceptionnelles aient influé sur ces résultats et que ceux-ci soient, dans la règle, plus vrais qu'il ne résulte des observations: une forêt peut être abattue en tout ou en partie, un marais desséché, des montagnes traversées par des tunnels etc. Mais pourrait-on observer, en les comparant, toutes ces modifications de terrain qui arrivent tous les jours, et en prendre note, afin de discerner la vérité de l'erreur et d'arriver peut-être par ce moyen aux lois encore inconnues du mouvement des nuages de grêle et du moment où ils éclatent? C'est là une tâche qui sera difficilement résolue par les sociétés d'assurance contre la grêle.

Les expériences pratiques de ces sociétés, quant au danger local de la grêle, qui doivent servir de base à la fixation des primes, ont été jusqu'à présent si vacillantes et si contradictoires, qu'on n'en a pu tirer aucune règle certaine. Il n'est pas rare que des localités, qui n'avaient été que peu ou point frappées de la grêle, en ont souffert plusieurs années de suite, puis en ont été longtemps préservées, ou vice versa. Il arrive souvent aussi qu'un seul champ est atteint sur tout un territoire, ou qu'un seul est préservé, tout cela sans qu'on puisse en découvrir les causes extérieures.

Cette inutilité des observations faites par les compagnies provient sans doute de la manière incomplète dont elles sont pratiquées. L'assurance contre la grêle est loin d'être répandue comme celle contre l'incendie. Beaucoup d'agriculteurs ne la considèrent que comme une dépense inutile et ne lui consacrent pas encore une colonne fixe dans le registre de leurs dépenses. C'est ce qui a lieu surtout lorsque la grêle les a ménagés pendant une série d'années. Alors ils cessent volontiers de s'assurer jusqu'à ce qu'un dommage bien senti vienne les faire repentir de leur trompeuse sécurité, et pendant ce temps les dégâts qui frappent les biens non assurés échappent naturellement à l'observation des sociétés. Il en est de même des cas de grêle qui, de l'avis même des assurés, n'ont produit aucun dégât, et de tous ceux qui frappent les propriétés non assurées.

Enfin aucune des sociétés d'assurance contre la grêle ne peut se renseigner totalement sur les expériences des autres sociétés. Les sociétés allemandes sont, il est vrai, à l'exception des autrichiennes, en rapport entr'elles, par exemple pour la taxe des primes, mais elles ne se communiquent pas leurs listes de dommages détaillées.

L'indication du lieu et de la hauteur des dédommagements payés a à elle seule peu de valeur; il faut qu'elle soit accompagnée de l'indication de la somme assurée dans l'endroit où a eu lieu le dommage.

Mais les sociétés seront peu disposées à divulguer tant de détails de leurs affaires, tout au plus indiqueront-elles le taux de dédommagement qu'elles paient par somme assurée. Or ces indications calculées pour de grandes circonscriptions, et même pour des cantons, seraient à peu près sans valeur, car ce taux n'est souvent déterminé que par deux ou trois champs pour toute une circonscription.

Si la statistique était en état de remplir ces lacunes des expériences des sociétés, quelque colossal que fût ce travail, il procurerait un avantage aussi grand pour la science que pour les sociétés. Mais si la statistique ne peut y arriver, les expériences des sociétés resteront sans valeur, pendant de longues périodes et jusqu'à ce, du moins, que l'assurance contre la grêle soit aussi généralement répandue que celle contre l'incendie.

Quant aux prétentions que peut afficher le public vis-à-vis de ces compagnies, à l'égard de la publication de leurs résultats, il n'aurait besoin pour cette branche d'assurance que de la connaissance d'un compte général accompagné d'un bilan, dans lequel les recettes et les dépenses seraient notées avec la somme totale des assurances, et peut-être aussi le nombre des assurés. Quant à la situation momentanée des affaires, il ne peut en être question, car au bout de chaque année, elle cesse d'exister; les assurances sont périmées, les dégâts réglés. Ainsi tombent d'abord les réserves de primes antérieures ou postérieures; les réserves de dommages n'existent pas, du moins dans le sens des autres branches d'assurance; il ne peut plus être question que de certaines sommes non encore levées, ou de difficultés litigieuses etc.

Une autre cause qui simplifie les comptes de cette branche d'assurance, c'est que des opérations de réassurance ne s'y rencontrent que très-rarement.

Avec ces modifications, il sera facile de former les comptes-rendus des sociétés d'assurance contre la grêle d'après les formulaires des autres branches, et il est inutile d'en créer un nouveau à leur usage.

Quant aux dispositions légales qui règleront la surveillance de ces sociétés, peu de mots suffiront La branche de l'assurance contre la grêle a l'avantage de n'être soumise dans aucun pays, que je sache, à une surveillance proprement dite. La concession accordée aux sociétés est d'ordinaire accompagnée de la condition de n'apporter aucune changement aux statuts ou aux conditions générales d'assurance sans la ratification de l'autorité, ensuite d'instituer un mandataire indigène du pays et de présenter le compte-rendu anuel. Dans les pays où règne le système des concessions, on y joint l'obligation de faire ratifier les agents et d'annoncer ceux qui sont congédiés. En outre quelques Gouvernements exigent la communication des tarifs des primes et du résultat de l'exploitation, pour le pays, ceci dans l'intérêt de l'impôt. Quant à une publication des comptes, elle n'est, que je sache, prescrite dans aucun État étranger, tant que la société n'y a pas son siége.

Berlin, le 24 juillet 1863.

A. Herz.

Supplément VII.

Assurance des transports.

L'assurance des transports consiste en trois branches diverses d'assurance: le transport de terre, le transport de rivière et le transport de mer. Quant à la première de ces branches, il ne faut encore prendre en considération, presque partout, que les assurances des transports sur les chemins de fer, où d'ailleurs les compagnies de chemins de fer en se chargeant, non seulement de transporter les marchandises, mais encore de les assurer, leur font une grande concurrence. Le tarif des primes de ces assurances est fort différent selon les pays; mais il résulte probablement plutôt du sentiment que le danger est très-minime que de la connaissance de la vraie mesure du danger. En conséquence, grâce à la concurrence des receveurs des primes, celles-ci ont été réduites quelque part au minimum. Cependant la durée du transport pourrait être de quelque influence sur les primes.

Les transports de marchandises par le roulage ont été réduits par les chemins de fer à une minime importance, et ainsi s'explique facilement, pourquoi leurs assurances ne jouent plus qu'un rôle inférieur, à l'exception de la Russie et de quelques autres pays. La prime est en général fixée en Allemagne d'après la durée du voyage. Mais que jamais on ait fait des recherches d'importance sur la mesure de ces dangers, c'est ce que le rapporteur ignore absolument.

Dans les assurances fluviales, la plupart des établissements d'assurance distinguent 3, 4, ou plus de classes de dangers, selon la nature des marchandises. Dans la première classe on comprend les objets les plus précieux qui ne peuvent être ni facilement, ni beaucoup endommagés par l'eau; dans la moyenne, ceux qui sont susceptibles de souffrir de l'humidité ou qui sont solubles dans l'eau, et dans la dernière, ceux dont la valeur est si minime qu'il ne vaudraient pas les frais qu'on ferait pour les sauver. Dans quelques établissements et sur quelques fleuves on a ajouté des subdivisions, d'après la nature des embarcations estimées par des experts, et divisées en trois classes, selon leur plus ou moins grande solidité. Enfin, la grandeur du danger est mesurée d'après la saison. L'hiver et l'été forment une limite, à laquelle l'automne et le printemps servent d'intermédiaire.

Dans la plupart des établissements on trouve, en partant de la prime la meilleur marchée pour la première classe de marchandises, sur un vaisseau de première classe, le tarif des primes des autres classes, en élevant la première prime d'un $\frac{1}{4}$, $\frac{1}{3}$, $\frac{1}{2}$, en doublant, triplant etc. Ce procédé est d'ordinaire employé pour un seul fleuve, parfois pour plusieurs; et ce ne serait pas pour la statistique une tâche trop difficile que de fixer si le rapport entre ces diverses classes de dangers est vraiment constant pour tout le domaine d'un fleuve, et quels sont les nombres de rapport qui peuvent passer pour justes.

Le transport des marchandises a lieu, sur les fleuves, dans un espace fort rétréci, ce qui serait de nature à faciliter à la statistique des relevés qui se rapportent à la mesure directe du danger pour chaque voyage.

Cependant votre rapporteur ne pense pas qu'il soit nécessaire de proposer des formulaires fixes pour les assurances fluviales, parce que des relevés de cette espèce ne sont pas assez généraux et devraient nécessairement dépendre des circonstances particulières à tel ou tel fleuve. Il faut aussi rappeler que les dangers contre lesquels on assure ne sont point les mêmes sur les divers courants d'eau, et que les conditions d'assurance des divers établissements diffèrent tellement les unes des autres, que l'on ne peut pas même comparer simplement entr'elles les dates des divers établissements.

La physiographie des fleuves offre un moyen important et indispensable de comparer les dangers. Mais les études qui s'y rapportent, quoique déjà faites sur un grand nombre de points, ne sont pas encore générales et encore moins continuées jusqu'à l'état présent.

Nous en venons à l'assurance maritime, la plus ancienne branche d'assurance, mais qui néanmoins n'a point été jusqu'ici examinée sur une grande échelle par la statistique, à l'exception des spécialistes qui l'exploitent. Et l'on ne peut méconnaître que la statistique touche ici à une branche d'industrie qui, à cause de ses variétés, de son immense développement et avant tout de sa mobilité incessante, offre à une étude plus générale (en exceptant la physiographie de la mer et des côtés) les plus grandes difficultés. Il ne peut être douteux que la statistique ne soit en état de résoudre un grand nombre de questions spéciales intéressantes et importantes pour la pratique de ce domaine, tandis que jusqu'ici on s'en est tenu aux estimations les plus vagues. Mais ces questions, considérées séparément, n'ont point en général un caractère d'importance tel, qu'on pût se décider à porter les unes ou les autres devant le Congrès de statistique; il faut se contenter d'indiquer qu'il s'agit de fixer la mesure des dangers auxquels sont exposées les marchandises transportées par mer, et que l'étude comparée de ces diverses mesures devra conduire à connaître même les causes des dangers et en fin de compte à trouver les moyens de les diminuer autant que possible. Il s'entend qu'un pareil but mérite les plus grands efforts, on pourrait même se demander, puisqu'il s'agit d'une si grosse affaire, si les travaux ne sont pas à entreprendre de tous côtés. Nous sommes aussi de cet avis, mais nous pensons que chacun doit s'attacher d'abord aux détails qui sont le plus à sa portée.

Si l'on considère le danger dans le sens de l'assurance, on reconnaît facilement, qu'il s'agit ici d'une somme de dangers différents et indépendants les uns des autres, qui intéressent l'assurance de la manière la plus diverse. On s'explique ainsi que, tandis qu'il est à peu près indifférent de quel établissement ou de quel pays il s'agit quant à l'effet des assurances sur la vie ou contre l'incendie, la portée de l'assurance maritime prend au contraire en raison de ces circonstances les formes les plus diverses.

L'assurance maritime n'a pas seulement des formes variées selon les divers ports ou les divers pays, non, sur la même place et dans le même établissement, elle se métamorphose sans cesse, selon les vœux de l'assuré. Ainsi donc il faudra tout d'abord fondre le danger général dans les dangers particuliers, et diriger sur chacun de ceux-ci des observations spéciales qu'on pourra ensuite résumer en un tableau général. Mais il est à peine croyable, qu'avec la diversité des circonstances qui s'offrent à l'observateur dans les divers pays, on puisse travailler d'après un formulaire uniforme, et même si c'était possible, il est douteux que les résultats puissent être comparés entr'eux.

Néanmoins votre rapporteur a posé quelques demandes en un formulaire dont les réponses pourraient servir d'essai pour des recherches ultérieures. Il s'agit de trouver la mesure du danger pour les bâtiments L. A. G. I. (d'après la classification du »Bureau Veritas«) avec des subdivisions selon leur nationalité.

Formulaire d'une statistique de la mesure des dangers de la navigation:
pour les bâtiments assurés à l'année.

I. Bâtiments de long cours. Subdivisions d'après la nationalité.
    a. Nombre des vaisseaux observés.
    b. Somme de l'assurance.
    c. Nombre des dommages soufferts: perte totale, avaries grosses, menues avaries.
    d. Indemnités payées: id.
    e. Indemnités réduites à une somme d'assurance de 1 000 pour chaque vaisseau.

II. Bâtiments qui voyagent sur l'Atlantique: comme dessus.

III. Bâtiments de grand cabotage: comme dessus.

IV. Bâtiments de petit cabotage.

Il faut rappeler à ce propos qu'on pourra rassembler d'ailleurs un grand nombre de renseignements dans les institutions telles que le Bureau Veritas, les registres du Lloyd et d'autres tels que les »dispacheurs«.

Quant aux résultats de l'exploitation et à la situation financière on peut demander aux compagnies d'assurance de transport les mêmes renseignements qu'à celle contre l'incendie, et le formulaire dressé pour ces dernières pourra leur être appliqué, cependant en séparant les dates du transport par terre, fluvial ou maritime.

Wilhelm Lazarus.

Annexe VIII.

L'assurance du bétail.

Les résultats obtenus jusqu'à ce jour par les compagnies d'assurance du bétail, qui ne se restreignent pas à de petits districts, paraissent rendre inutiles des réflexions statistiques sur cette branche d'assurance. Toutes les compagnies anglaises et quelques allemandes ont liquidé après une courte existence et des pertes plus ou moins sensibles, et les compagnies qui existent encore sont loin d'avoir atteint le développement nécessaire pour rendre leur existence assurée.

L'utilité d'une assurance du bétail bien organisée, pour tous les propriétaires de bétail, est évidente, d'autant plus faut-il examiner les causes qui menacent la vitalité de ces assurances.

Quoique ce ne soit pas ici le lieu d'attirer l'attention sur les compagnies éteintes ou sur celles qui existent encore, on nous permettra cependant de faire ressortir quelques points parfaitement justifiés aux yeux du public assuré, mais qui eussent déjà amené en naissant un germe de mort.

La première erreur est celle de croire que l'administration de ces compagnies doit être placée entre les mains de grands propriétaires. Sans doute on ne peut refuser l'instruction suffisante à la plupart de ces cultivateurs, mais la spécialité des assurances exige une connaissance intime et détaillée des chiffres qui d'ordinaire leur fait défaut. Pour bien diriger une assurance du bétail il est besoin de deux forces: connaître à fond le domaine des assurances, et non moins celui des bestiaux assurés. Si l'une de ces deux qualités manque ou n'est qu'imparfaite, l'ensemble ne vaut rien, et la faute en est rejetée sur les objets les plus innocents.

En outre, et c'est ce qui nous touche de plus près, il manque à l'assurance du bétail la véritable base du tarif des primes: la statistique. Cette science s'est occupée, il est vrai, jusqu'à présent, du nombre des pièces de bétail vivantes, du nombre de celles qui ont été exportées ou importées, et quelquefois aussi du nombre des bestiaux enlevés par une certaine maladie, mais jamais d'une classification des cas de mort, parmi les diverses espèces de bestiaux, d'après leur maladie et leur âge. Ce dernier point est cependant ce que l'assurance du bétail peut demander de plus important à la statistique. Le matériel recueilli jusqu'à aujourd'hui ne peut suffire à une grande entreprise d'assurance du bétail. Les rapports annuels des écoles vétérinaires nous livrent, il est vrai, des notices exactes sur les divers cas de mort, d'après les maladies; les recensements du bétail exécutés périodiquement dans divers pays nous donnent le nombre du bétail existant; les assurances du bétail indiquent même dans leurs comptes-rendus le rapport entre les bestiaux assurés et morts, — mais qui serait en état d'élaborer au moyen de ces données un tarif exact de primes? J'ai eu sous les yeux les registres de bestiaux les plus divers, de grande ou de petite propriété, et sur lesquels les pertes essuyées depuis 30 ans étaient fidèlement notées, mais ces notices sont absolument sans valeur pour l'assurance du bétail. Celui-ci est un objet évaluable en argent, et dont la valeur dépend absolument de l'appréciation du propriétaire, qui s'entend à réduire une perte totale en une perte partielle, en envoyant à temps à la boucherie ou au marché le bétail menacé. Le registre du

13*

bétail des propriétés non assurées n'indique point ces pertes partielles; mais vis-à-vis de l'assurance, l'intérêt du propriétaire est tout autre: ce qui n'était pas même porté au registre comme perte partielle devient une perte totale.

Avant tout il importe à l'assurance du bétail de savoir combien il se trouve de bétail dans son district, afin qu'elle soit en état de fixer la valeur de son fonds de garantie; c'est à quoi la statistique peut conduire dans la plupart des pays.

Le bétail augmente ou diminue de valeur selon son âge et mille autres circonstances. C'est pourquoi une assurance du bétail bien organisée ne se charge que pour une année des risques de l'entreprise; elle ne connaît pas de prolongation proprement dite, mais tout au plus un renouvellement de l'assurance expirée dans laquelle il est très-rare que le prix d'assurance des animaux reste le même. Ainsi pour les assurances on ne peut poser cette question: quelle âge, par exemple, atteindra un cheval assuré à l'âge de cinq ans? mais bien celle-ci: combien périt-il de chevaux de l'âge de 5 à 6 ans? Cela simplifie beaucoup la question, mais d'où tirera-t-on le chiffre statistique? Si la statistique de l'assurance du bétail pouvait démontrer combien il y a de bêtes d'une seule espèce et du même âge, et combien ont péri dans le courant d'une année, elle donnerait ainsi la plus grande partie de la base statistique du tarif des primes.

Ensuite, c'est l'usage qu'on fait des animaux qui exerce de l'influence sur leur durée, et une classification exacte des diverses espèces de mort auxquels succombent les animaux selon leur service, est presqu'encore plus importante que celle d'après leur âge; il règne encore sur ce point beaucoup d'opinions erronées. Par exemple on admet en général qu'un cheval de selle et de luxe est un risque très-favorable, et cependant l'expérience démontre qu'on peut le porter à un degré de danger assez élevé! En revanche le cheval de labour qui, avec beaucoup moins de soins est exposé à toutes les températures, donne à l'assureur un résultat beaucoup meilleur.

Le climat, la nature du sol, la race, ainsi que les circonstances dans lesquelles vit le possesseur sont autant de points importants pour l'assureur de bétail; par malheur, la statistique, outre la mortalité en suite d'épizootie, n'a encore rien fourni sur ces divers points. Ce que les assurances elles-mêmes ont fourni jusqu'à présent, n'est pas important, d'abord parce qu'il n'y a pas longtemps qu'elles existent, et ensuite parce qu'elles ne sont pas étendues sur un champ assez vaste pour échapper aux influences de hasard. La statistique des épizooties que nous possédons ne peut servir de guide, attendu que, depuis l'impulsion énorme qu'a pris depuis les 10 ou 20 dernières années la circulation générale, et en particulier le transport du bétail, les épizooties ont éclaté tout à coup dans des contrées jusqu'alors toujours préservées, tandisque, grâce à de nouvelles dispositions de la police de santé, elles ont en partie ou tout à fait disparu de leur ancien domicile.

En un mot, la statistique ne fournit jusqu'à présent aux sociétés d'assurance du bétail nul autre point d'appui, que le nombre de bestiaux existants.

Mais si l'on pouvait faire en sorte que la statistique s'étendît jusqu'à la mortalité des bestiaux, les six points suivants pourraient fournir à l'assurance du bétail la base du tarif des primes nécessaire à leur existence:

1. Combien existent de bestiaux de l'espèce: cheval, race bovine, moutons, chèvres, cochons, en général?
2. Combien de bêtes sont employées à un certain usage, et quelle est la mortalité de chacune des diverses classes?
3. Quel est le chiffre de la mortalité des bêtes de chaque espèce du même âge, pendant une année?
4. Quel est le chiffre de la mortalité des bêtes d'après les divers climats?
5. Quel est le chiffre de la mortalité des bêtes d'après les circonstances dans lesquelles vivent leurs propriétaires?
6. Quelles maladies sporadiques éclatent le plus souvent avec la mort pour issue, dans quelles contrées et à quel âge du bétail?

Évidemment les moyens d'obtenir ces indications scientifiques sont fort difficiles. Les écoles vétérinaires ont bien commencé, les médecins vétérinaires pourraient suivre. Mais là encore on rencontrera des difficultés inattendues. Dans les grandes villes, où existe encore un maître des basses-œuvres, une liste de mortalité est facile à dresser. Quant aux harras et aux écuries militaires il est difficile d'en tirer quelque chose de pratique, parce que là les soins donnés aux chevaux et les services qu'on en tire sont dirigés vers un but spécial.

Mais comment s'y prendra-t-on à la campagne pour obtenir d'utiles notices statistiques? Celui qui a vécu à la campagne avouera avec moi qu'on n'y craint rien tant que les chiffres; car l'agriculteur ne flaire autre chose dans tout relevé statistique que la base d'un nouvel impôt. Mais on pourrait essayer d'y employer les maîtres d'école; il leur serait facile d'enrichir la statistique de bien des trésors.

Dresser déjà des tableaux pour la statistique du bétail, me paraît prématuré; cette branche d'assurance a encore besoin d'être cultivée. Au lieu d'élever trop haut les prétentions, il faut se contenter d'abord des questions générales.

Mais il en sera tout autrement, pour le Congrès, de la réponse à faire à la seconde question.

L'assurance du bétail, quelle que soit l'étendue de ses affaires, est forcée dans l'intérêt de sa propre existence, de recueillir les notices les plus étendues; du premier jour de son entrée en activité les tableaux doivent être prêts à recevoir le relevé des chiffres à recueillir.

Si elle n'est pas en état, dans les premières années de son existence, de poser comme règles naturelles les résultats de sa statistique, parceque certaines classes du tarif des primes seront très-rarement assurées, le temps lui viendra en aide. Les rapports très-détaillés de maladie, que l'assurance du bétail est en droit d'exiger lui facilitent beaucoup l'organisation minutieuse de sa statistique, et en fin de compte elle sera apte à répondre aux questions importantes pour la science et l'administration au point de vue international. Ces questions sont les suivantes:

1. L'invasion et la marche de l'épizootie. La police de santé, malgré ses dispositions les plus strictes, n'est pas en état de découvrir le nombre des bêtes qui ont succombé à l'épizootie; l'invasion de la maladie lui échappe souvent absolument, parce qu'à cause de la sévérité des dispositions légales, les intéressés cachent autant que possible leurs pertes. Mais il en est autrement du bétail assuré, même quand il ne s'en trouve que dans le voisinage. Des agents bien instruits ne manquent pas de renseigner la direction sur chaque cas d'épizootie, que le bétail soit ou non assuré; malgré les cachotteries du propriétaire ils apprendront l'invasion d'une épizootie, soit par les vétérinaires avec lesquels ils sont étroitement liés, soit par certains symptômes qui excitent leur intérêt comme agents d'assurance. Ainsi l'assurance du bétail fournira les meilleurs renseignements sur les épizooties.

2. Les maladies sporadiques sont plus ou moins liées aux influences du sol et de la température des saisons, et aussi à la position d'existence des propriétaires, circonstances qui intéressent la science au plus haut degré. Il est plus facile d'échapper à un cas de maladie ou à un accident, que de l'écarter là où il existe. Mais la statistique nous apprend les rapports favorables à quelques maladies et nous donne les moyens d'éviter le mal. Ainsi sur ce point encore, elle peut rendre au public et à elle-même les plus grands services.

3. La statistique de l'assurance du bétail donne la clef des évaluations d'un certain district, de l'importance qu'accordent à leur bétail les habitants d'un grand ou d'un petit endroit, en quantité comme en qualité, à l'égard de l'élève du bétail pour leur propre usage ou pour la vente, l'engrais ou l'exportation etc.

Outre ces trois points il y en a encore d'autres de moindre importance que la statistique peut éclairer et que nous n'avons pas le loisir de mentionner dans ce rapport.

Quant à la réponse à faire au troisième point de l'Avant-Projet, elle est de nature délicate. En général je dois m'en référer, dans l'examen que j'ai fait des sociétés d'assurance, à ce que j'ai déjà dit. »L'homme a reçu la parole pour dissimuler sa pensée. Ce mot ne peut-il s'appliquer aux sociétés d'assurance et à leurs comptes?« Il est très-facile à celui qui a l'habitude des chiffres, de présenter un fort mauvais résultat sur le papier, de sorte que celui-là seul qui est initié aux assurances découvrira la vérité, tandis que le profane, c'est-à-dire le plus intéressé en sa qualité d'assuré, croit encore à la vitalité de l'entreprise.

Le manque de temps et surtout la conscience que j'ai de me trouver ici sur un champ qui sera beaucoup mieux traité par un initié aux assurances que par moi, m'engagent à ne pas aller plus loin. Je ne me permettrai plus qu'une observation. La »prime réservée pour des risques courants« est chose peu claire pour l'assuré. Il n'en voit pas trop la nécessité et ne sait à quoi elle soit nécessaire. Nous demandons qu'on l'explique. En outre dans le cas où la prime nette véritablement méritée ne suffit pas pour couvrir le dommage, il est à souhaiter que la prime réservée soit comptée de manière à couvrir réellement les dommages aggrandis qui seront à craindre.

J'abandonne le reste aux experts du domaine des assurances.

Hambourg, St. George, le 24 juillet 1863.

Dr. Warnecke.

Formulaire d'une statistique de l'assurance du bétail

à l'exclusion des questions communes à toutes les branches d'assurance.

I. Questions de statistique générale.
1. État du bétail de chaque district: chevaux, race bovine, moutons, cochons.
2. Cas de mort de chaque espèce pour chaque district: a) bêtes abattues pour la nourriture de l'homme; b) par maladie; c) par accident (incendie, inondations etc.).

II. Organisation des établissements d'assurance.
1. Forme d'administration: a) avec un personnel payé: sans restriction du cercle d'affaires, avec restriction à certains pays ou districts; b) avec administration et surveillance réciproque: contrats pour le rayon des communes.
2. Forme de la garantie: a) compagnie par actions; b) compagnie par mutualité.
3. Objets d'assurance: a) par espèces; b) par causes de mort: maladies sporadiques, épizooties, accidents.
4. Obligations fondées sur les statuts entre l'assureur et l'assuré: a) chiffre de l'indemnité, en tant % de la valeur de l'animal d'après la somme assurée; b) dispositions sur le paiement de l'indemnité; c) autres obligations réciproques.
5. Différences des primes de chaque espèce d'animal, d'après les provinces, localités, races, service, remplacement de la diminution de bétail par achat ou élève.

III. Questions pour constater la mesure des dangers.
1. Nombre des bestiaux assurés de chaque espèce.
2. Mortalité de chaque espèce:
a) d'après le climat.
b) d'après la nature du terrain avec désignation spéciale des bruyères, marais, pays marécageux, et terrains gagnés sur les fleuves.
c) d'après la nourriture, en distinguant la nourriture seule et partielle dans les étables (noter les plantes de fourage), et le pâturage (artificiel, naturel, pâturage de forêt).
d) d'après le service: 1. animal employé à l'agriculture. 2. bétail de meunier. 3. de fabricant. 4. chevaux pour le service public. 5. chevaux pour le service des médecins. 6. chevaux de luxe. 7. chevaux militaires: de cavalerie, d'artillerie.

VI. Section.

L'unité des monnaies, poids et mesures, comme auxiliaire des plus importants pour la statistique comparée.

Rapport de Section.

Déjà, à plusieurs reprises, le Congrès international de statistique a exprimé la nécessité d'établir un système commun de poids et mesures pour tous les pays et tous les peuples, et a recommandé pour arriver à ce but l'adoption générale du système des mesures métriques. Les avantages de ce système y ont été à ce propos exposés d'une manière si claire et si approfondie, ainsi que de différents côtés, entr'autres dans le rapport favorable de la Commission fédérale, du 30 avril 1861, qu'il n'y a rien à ajouter à ce qui a été dit sur les avantages de ce système. Il nous semble au contraire souhaitable, plus le temps approche dans lequel on peut espérer son introduction générale, d'examiner aussi ses inconvénients. En le faisant, notre but ne sera point d'augmenter les difficultés qui s'opposent à sa mise en pratique, mais bien d'écarter quelques-uns de ces défauts au moment où l'on songe à introduire le système; et là où cela devient impraticable, de mentionner jusqu'à quel point les défauts sont compensés par les avantages.

Les reproches que l'on adresse ordinairement au système métrique, s'appliquent presque uniquement à la difficulté de passer de l'ancien système usité au nouveau. Ces difficultés paraissent si grandes à quelques personnes, qu'elles préfèrent voir introduire, au lieu du système métrique, une autre mesure qui forme un pont entre les deux en ce que, tout en se rapportant, par les diverses grandeurs et leurs divisions, aux mesures en vigueur, il se trouve en même temps placé dans un rapport d'unité vis-à-vis du mètre. En outre on oublie que le bouleversement qui est la suite d'un pareil changement, est si général, que le plus ou le moins qui résulte immédiatement de l'introduction même du système métrique ou d'une mesure de transition, disparait en comparaison des bouleversements qui ont lieu dans toutes les affaires en général en suite de cette introduction. En outre le choix d'une pareille mesure intermédiaire ne peut jamais devenir général, au contraire il ne fera qu'entretenir le désir d'arriver à l'unité et nécessitera ainsi un second bouleversement. Les défauts que nous allons passer en revue, ne se rapportent point aux difficultés qui pourront résulter de l'introduction du système métrique, mais bien à ce système lui-même.

1. Lorsque le système métrique fut introduit en France, la division décimale était partout réglementairement établie et s'étendait jusqu'au cercle. Le quart de cercle était divisé en 100 degrés, le degré en 100 minutes etc. C'est pourquoi on voulut prendre pour unité de longueur la 10.000 000ᵉ partie du méridien terrestre; parce que ainsi le degré du méridien équivalait à 10 000 mètres ou 100 kilomètres et la minute du cercle à 1000 mètres. Mais on sait que la division décimale du cercle n'a pas été réalisée, et ainsi a cessé le rapport simple qu'on voulait établir entre la minute de l'arc de cercle et le mètre.

D'après la division actuelle du cercle, la minute de l'arc est la 5400ᵉ partie du quart de cercle, ainsi elle est égale à $\frac{10\,000\,000}{54}$ mètre ou $\frac{100}{54}$ kilom. $= 1851\frac{21}{27}$ mètres.

Ce rapport compliqué entre l'unité de longueur et l'arc de cercle a un inconvénient très-sensible dans les mesurages géodésiques et surtout dans la navigation. Pour l'écarter il faudrait ou bien transformer la division actuelle du cercle en une division par trois, ce qui paraît tout à fait impraticable, ou bien modifier la longueur du mètre ce qui n'est pas moins difficile. C'est précisément l'avantage qu'on avait en vue d'atteindre par le système métrique, en prenant pour unité la 10.000 000ᵉ partie du méridien terrestre, c'est-à-dire un rapport simple entre la mesure de longueur et l'arc de cercle, qui fait défaut. On pourrait y revenir si l'on se décidait à raccourcir le mètre de 54 : 50. Dans ce cas la minute actuelle du cercle contiendrait 2 kilomètres. Mais il n'est pas probable qu'on le fasse. Il n'est pas moins douteux que ce soit recommandable, parce que, quoi qu'il soit peu vraisemblable que la division décimale pour le quart de cercle ait quelque chance de succès, elle n'est cependant pas hors des limites du possible, et dans ce cas la longueur actuelle du mètre serait préférable à sa diminution à $\frac{50}{54}$. En outre la longueur du méridien terrestre n'est pas si facile à trouver, qu'on ne puisse s'attendre, après un nouveau mesurage, à un nouveau résultat. Aussi l'unité une fois adoptée, ne sera-t-elle jamais précisément égale à la partie de la circonférence de la terre, qu'on avait en vue, et ainsi on n'arrivera jamais à établir un rapport simple et strict entre la mesure de longueur et l'arc de cercle.

Mais ce rapport n'existe approximativement que dans un fort petit nombre de pays.

En Angleterre le mille maritime est, il est vrai, de $\frac{1}{60}$ de degré, donc égal à la minute du cercle, mais les milles de terre ferme sont de 69,12 pour un degré; les milles prussiens de 14,78 pour un degré de l'équateur, et les milles des autres pays n'entrent pas en rapport plus simple avec l'arc de cercle. On se contentera donc d'un mille métrique qui ne soit pas en rapport simple avec le degré, quoiqu'on ne puisse nier qu'il aurait mieux valu arriver à une autre solution.

2. Le mètre a été fixé légalement d'après la toise établie en 1735, et mise en usage par Condamine et Bouguer, lors de leurs mesurages dans l'Amérique du Sud, sous le nom de toise du Pérou. Une copie de cette toise, contrôlée par MMs. Arago et Zartmann à Paris, se trouve à l'observatoire de Kœnigsberg, où Bessel s'en est servi pour mesurer aux pendules, ainsi que plus tard pour la fixation de la mesure de longueur prussienne. D'après la disposition légale promulguée en France, le mètre doit être égal à 443,296 lignes de cette toise en fer à la température de 16°,25 C. Le mètre normal est en platine et forme l'unité de mesure à la température de 0°. (v. Base métrique III. 642.) On ne peut considérer cette disposition comme pratique, surtout si l'on réfléchit que le platine est un métal qui n'a pas toujours la même composition, et qu'ainsi les barres de ce métal n'offriront pas toujours les mêmes coëfficients d'extension. D'ailleurs ce métal est fort recommandable à cause de son invariabilité chimique, mais comme il n'est pas très-dur, il n'est apte à une mesure normale que dans le cas où la longueur de cette mesure sera marquée sur la barre par des degrés, mais non si cette longueur doit être mesurée par des bouts vissés contre lesquels viennent s'appliquer des leviers. Cependant cette dernière méthode a été appliquée par Bessel et désignée comme excellente. — C'est pourquoi il nous paraît douteux, qu'il soit convenable, au moment d'établir le système métrique, de confectionner la mesure normale en platine, et s'il ne vaudrait pas mieux, au lieu de la température à 0°, d'en choisir une à laquelle la comparaison de barres de différentes matières pourrait avoir lieu, sans qu'on soit obligé de modifier la température normale.

La Commission des poids et mesures qui était chargée d'établir les bases du système métrique, a déjà reconnu comme pratique l'adoption d'une température qui forme la moyenne entre celles auxquelles on a l'habitude d'exposer les mesures normales. Dans le rapport de cette commission adressée à l'Institut national des sciences et arts, du 29 prairial, an VII, on trouve le passage suivant: (Base métrique III. 643.) »Mais puisqu'aucun métal ne conserve constamment la même longueur, et que différents métaux éprouvent des changements différents par les mêmes variations de température, il conviendrait de faire ces étalonnages aux dixième ou au quinzième degré du thermomètre centigrade, puisqu'alors une variation de dix degrés dans la température, variation qui produit ou le froid à peu près glacial, ou un assez grand degré de chaleur, ne ferait différer entr'eux des mètres faits de différents métaux, que de $\frac{3}{100}$ de millimètre, s'ils sont l'un de fer et l'autre de platine, et de $\frac{6}{100}$ de millimètre, s'ils sont de laiton et de fer.

3. A côté de la mise en pratique stricte de la division décimale dans le système métrique, on a fait ressortir comme un avantage tout particulier de ce système sur tous les autres, le rapport simple qu'on y trouve entre les mesures de longueur, de capacité et de poids. Ainsi le cube dont un côté est d'un décimètre, qui par conséquent contient 1000 centimètres cubes, et qu'on appelle litre, forme l'unité pour toutes les mesures cubiques ou de capacité; et le poids d'eau destillée qui remplit ce cube à la température de la plus haute densité de l'eau, c'est-à-dire à 4° c., forme l'unité de poids, soit le kilogramme.

Comme le mètre est fixé à 0°, que par conséquent un des côtés du cube doit être déterminé d'après la même température, il s'agit ici de résoudre la tâche étrange de donner au contenu une température plus élevée qu'aux parois du vaisseau. Il est à peine nécessaire de rappeler que le poids du kilogramme a été fixé de telle manière, qu'on a déterminé le poids d'un volume fixé d'eau destillée à quelque température que ce soit, et qu'ainsi, après avoir accompli la correction exigée pour la température, on a calculé le poids du décimètre cube.

Mais on se demande avec étonnement pourquoi la Commission des poids et mesures qui se composait des physiciens et des mathématiciens les plus éminents de l'époque, a posé pour base des températures différentes pour les deux unités de mesure et a transfermé le rapport simple qui existait entre les mesures de longueur et celles de poids en un rapport excessivement compliqué. Ce qui me semble avoir été la cause de cette singulière disposition, c'est la nouveauté du fait que l'eau atteint sa plus grande densité à une température plus élevée que 0°. Dans le rapport mentionné plus haut, adressé à l'Institut national, le choix de la température de la plus haute densité de l'eau, comme température normale pour le poids, est motivé comme suit: »Le citoyen Lefèvre-Gineau a encore fait sur ce sujet (c'est-à-dire sur la densité de l'eau à différentes températures) des expériences qui seront publiées en détail. Elles sont infiniment précieuses pour notre objet puisqu'elles nous prouvent que la nature nous présente un état de l'eau non seulement constant, mais même unique, celui où elle a un maximum de densité, d'où il suit que cet état unique seul doit servir de mesure aux autres qui sont variables.«

On comprend maintenant difficilement comment on pouvait en venir à de pareils raisonnements. Évidemment on n'en tiendra pas compte pour l'introduction prochaine du système métrique. Mais aussi l'inconvénient, qu'en France les deux températures différentes existent légalement depuis l'introduction du système métrique, n'est point une raison de les conserver et d'en faire pour la seconde fois une disposition légale. On fera bien au contraire d'écarter cette inconséquence et on pourra le faire sans scrupule en posant pour base une seule et même température aussi bien pour les mesures que pour les poids. Si p. ex. on choisit la température de 0°, et qu'on base sur cette disposition plusieurs kilogrammes de poids, ceux-ci présenteront sans doute de plus grandes différences entr'eux, que par la différence des températures normales à 4° —. C'est pourquoi il s'agit ici seulement d'une déclaration qui n'aurait aucune influence sur les poids et mesures usités dans le commerce, mais qui dans les observations scientifiques, pour lesquelles il est d'ailleurs toujours nécessaire de faire des corrections, pourra facilement être prise en considération.

Il serait même possible que le Gouvernement français se joignit à une pareille déclaration afin d'écarter une inconséquence du système métrique d'ailleurs si conséquent, et d'amener une conformité entière avec les États qui sont prêts à adopter le système français.

Si l'on résume ces inconvénients, une fois le dernier, dont nous venons de parler, écarté par l'adoption d'une seule température pour les poids et pour les mesures, il ne reste que le manque de rapport simple entre les mesures de longueur et l'arc de cercle, inconvénient impossible à écarter. Mais cet inconvénient n'est pas assez important pour fournir un motif contre l'introduction générale d'un système dont les avantages sont partout reconnus, et qui a été recommandé aussi bien par la Commission fédérale, que par le Congrès international de statistique, comme tout particulièrement apte à devenir le système général de poids et mesures.

La Section propose les résolutions suivantes:

1. L'adoption d'une même mesure dans le commerce international est de la plus haute importance. Le système métrique paraît à la Section la plus convenable de toutes les mesures qui pourront être recommandées comme mesures internationales.

2. La rédaction et la manutention des prescriptions à suivre dans la construction des étalons et dans l'introduction du système même seront réservées à une commission internationale qui se chargera également de la suppression des petites fautes scientifiques dans le système.

Ces résolutions ont été arrêté à l'unanimité des voies des membres présents excepté celle de Mr. le Conseiller Hagen qui a bien voulu déposer les motifs de son vote séparé dans le rapport suivant.

Berlin.

Le rapporteur:

Prof. Dr. Magnus.

Poids et Mesures.

Vote séparé.

Dans la conférence de la VIe Section de la Commission préparatoire pour le Congrès international de statistique, l'adoption du système métrique a été recommandée le 19 de ce mois. Je ne me suis pas associé à cette résolution, parce que je suis d'avis que la mesure à choisir doit être donnée et légalement fixée avec la stricte exactitude que la science et la technique actuelle rendent possible. C'est ce, à quoi doivent tendre surtout les États qui possèdent déjà des mesures fixes. La Prusse appartient à ce petit nombre. La fixation de la mesure y a été exécutée par Bessel.

Le système métrique est loin de répondre à une pareille exigeance. Si avec le temps il a subi d'importantes modifications, il n'en repose pas moins toujours sur des bases tout à fait fragiles qui doivent, à chaque nouvel examen, présenter des variations de la règle normale. Le mètre ne répond pas même aux premières conditions qu'on doit poser à toute mesure: il n'est point une mesure indépendante. D'après la prescription légale, il doit représenter un certain rapport avec une ancienne échelle dont la longueur ne peut être exactement déterminée.

On dit, il est vrai, que les grandes communications internationales n'exigent pas l'exactitude dans certaines recherches scientifiques, mais qu'il suffit d'introduire une mesure approximative, en laissant à chaque État le soin de la représenter d'une manière plus ou moins stricte. Le résultat en serait qu'à l'avenir on distinguerait aussi bien le mètre anglais du prussien, qu'on le fait actuellement du pied de ces deux pays. Mais l'introduction de notre nouvelle unité de mesures a déjà démontré qu'on ne puisse pas s'attendre à venir à bout de cette vue. Cette unité repose, d'après la loi du 17. mai 1856, sur l'ancien pied prussien, et le rapport entre les deux est fixé avec une exactitude extraordinaire et qui dépasse de beaucoup les limites de ce qui est mesurable. Mais lorsque plus tard on commença à douter si la nouvelle livre correspondait réellement, comme on l'avait eu en vue, avec le demi-kilogramme, on s'assura du défaut, en la comparant exactement avec le kilogramme prototype de Paris.

Par l'introduction du demi-kilogramme comme unité de poids, ou n'est point arrivé à l'unité de longueur. Leur dépendance réciproque, quoique fixée par les lois françaises, n'est qu'illusoire, parce qu'on peut mesurer et peser avec beaucoup plus d'exactitude, qu'on ne peut suivre le rapport entre les mesures de longueur et celles de poids. Mais une pareille tentative serait encore plus incertaine dans le système métrique à cause des températures différentes qu'on a si malencontreusement choisies.

Il s'ensuit que les rapports simples qui existent dans ce système entre les mesures de longueur, de volume et de poids, quoique très-commodes dans certains cas, ne sont exacts qu'approximativement et n'offrent aucune compensation aux lacunes du système. Mais la division décimale n'est défendue ni par nos lois, ni par d'autres, que nous sachions. Il n'est point contraire à la loi de diviser le pied par dixaines ou millièmes, ou de prendre 100 pieds cubiques pour unité de mesure. — Ainsi donc la division décimale n'est point un avantage exclusif du système métrique.

Si enfin, les communications internationales en sont réduites à se servir des mesures les plus généralement répandues, ce sera non le mètre, mais le pied anglais. Ce dernier est aussi exactement fixé, ne se rapporte à aucune autre mesure, et est assuré d'une longue durée.

En conséquence il n'y a, à mon avis, aucune raison d'adopter le système métrique. Le pied anglais a sur lui l'avantage d'être le plus généralement répandu. Le choix qu'on pourrait en faire pourrait être recommandable à l'Allemagne en ce qu'il n'amènerait pas un changement aussi sensible et par conséquent trouverait un accueil plus facile.

Ce qui prouve à quel point cette raison est plausible, c'est que depuis soixante-dix ans que le mètre est introduit, de la manière la plus sévère, en France, l'ancien pied n'y a point encore disparu. Par exemple, dans les cartes des ports français de la Manche et même dans celles qui sont publiées par le Gouvernement, on trouve les profondeurs indiquées en pieds français, et lorsque pour les autres ports et côtes françaises on choisit la mesure métrique, c'est en l'accompagnant d'une table de réduction en pieds français.

Berlin, le 22 juillet 1863.

G. Hagen.

Berlin, Imprimerie Royale (R. Decker).

www.ingramcontent.com/pod-product-compliance
Lightning Source LLC
Chambersburg PA
CBHW061349060726

47597CB00003B/782